乒乓球启蒙也可以从下降期开始

王　军◎著

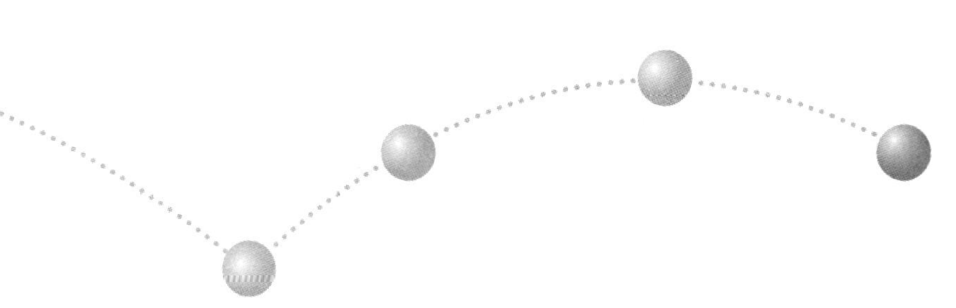

山东·青岛

图书在版编目（CIP）数据

乒乓球启蒙也可以从下降期开始 / 王军著 . -- 青岛：中国石油大学出版社，2024.5

ISBN 978-7-5636-5381-2

Ⅰ . ①乒…　Ⅱ . ①王…　Ⅲ . ①乒乓球运动—基本知识　Ⅳ . ① G846

中国国家版本馆 CIP 数据核字（2024）第 085291 号

书　　名： 乒乓球启蒙也可以从下降期开始
PINGPANGQIU QIMENG YE KEYI CONG XIAJIANGQI KAISHI

著　　者： 王　军

责任编辑： 袁超红（电话　0532-86981532）
责任校对： 张晓帆（电话　0532-86983567）
封面设计： 赵志勇

出 版 者： 中国石油大学出版社
（地址：山东省青岛市黄岛区长江西路 66 号　邮编：266580）
网　　址： http://cbs.upc.edu.cn
电子邮箱： shiyoujiaoyu@126.com
排 版 者： 青岛新华出版照排有限公司
印 刷 者： 泰安市成辉印刷有限公司
发 行 者： 中国石油大学出版社（电话　0532-86981532，86983440）
开　　本： 889 mm × 1 194 mm　1/32
印　　张： 6.5
字　　数： 135 千字
版 印 次： 2024 年 5 月第 1 版　2024 年 5 月第 1 次印刷
书　　号： ISBN 978-7-5636-5381-2
定　　价： 48.00 元

前言

乒乓球是一项集力量、速度、柔韧性、灵敏度和耐力为一体的球类运动，是技术和战术完美结合的典型运动项目。乒乓球球体小、速度快，攻防转换迅速，既需要技术的发挥又需要战术的运用。乒乓球运动中大脑快速紧张思考，有助于促进大脑血液循环，供给大脑充分的能量，具有很好的健脑功能，还可以使眼球内部不断活动，增强血液循环，提高眼神经机能，消除或减轻眼睛疲劳，具有预防近视的作用。乒乓球作为一项老少皆宜、适应人群非常广的运动项目，在我国开展得非常广泛，深受人民群众的喜爱。

我国乒乓球运动长盛不衰，根源于基层、体校、专业队、国家队这个金字塔式的四级训练体系，同时也有建立在我国基层庞大人口规模之上的原因。在这个体系中，基层启蒙训练至关重要，好比 4×100 米接力赛中的第一棒。不少有天赋的运动员在后续发展中没有达到应能达到的高度，究其根源，是在启蒙阶段出现了缺失。启蒙阶段训练一旦出现缺失，不但影响后续技战术的形成和发展，而且后天付出再多努力也难以弥补。

乒乓球启蒙训练主要指在小学、幼儿园和校外俱乐部的训练。现在，各专业体校和乒校也开始从启蒙阶段培养孩子。启蒙训练的“根”在教练。好的启蒙训练，可以帮孩子扎架子、夯基础、做规划，为孩子的长远发展描绘蓝图，让孩子在未来有更出色的发展。

目前我国乒乓球启蒙训练已呈现逐年下滑趋势，参与训练的孩子虽越来越多，但更多的孩子都是选择一周上一节课或两节课，真正想从事专业训练的孩子越来越少，全国基层乒乓球整体水平和竞技能力每况愈下。长此以往，难免会因为基础的不牢靠而导致乒乓球金字塔的地动山摇。

导致此种状况的原因，从教练方面分析，主要是：教练队伍规模相对庞大，加之受到社会影响大，难免良莠不齐；教练队伍门槛相对较低，成分复杂，自身水平参差不齐；教练缺少系统的启蒙训练教学指导或培训，缺少学习、借鉴和提高的有效途径。

中国乒乓球的发展必须根植于最广大的基层，这是因为：从竞技选拔的角度看，从 10 名孩子中培养和选拔出 1 名优秀的运动员很难，而从 1 万名孩子中培养和选拔出 1 名优秀的运动员则相对简单；从学习的个体来说，每个孩子都是珍贵的，是家庭的希望和未来，应该让孩子获得应有的发展；小河淌水大河满，个体有了很好的发展，势必助推中国乒乓球整体长盛不衰。

提高基层训练的质量，需要抓住教练这个关键点。可以从两方面着手：一方面，做好教练孵化基地项目，批量打造一支技术动作规范、执教训练科学、管理水平高超的教练队伍；另一方面，加强对现有教练的教学指导，通过培训和引导，提供比较先进的教学理念和训练方法，供大家学习和借鉴。

在我国，关于乒乓球训练教学的研究以国家体育总局编写的《中国体育教练员岗位培训教材——乒乓球》为纲，诸多专家、学者、教练的研究著作灿若星辰，并有大量乒乓球爱好者阐述着自己的理解和见解。这些理论研究告诉我们乒乓球“应该练什么”“应该练成什么样”，却没有向我们说“应该怎么练”，也没有告诉我们“应该怎么一步一步地练成这个样”。

本书内容从作者多年实践中总结而来，主要介绍从第一次上课逐步到半专业阶段的技术训练和教学方法。本书在训练与教学方面有针对性地提供了相关详细介绍（当然也难免存在局限性）。可以这样理解：《中国体育教练员岗位培训教材——乒乓球》是教学大纲，告诉我们“应该练什么”；专业理论研究著作是教科书，告诉我们“应该练成什么样”；本书是对乒乓球启蒙训练的体会和反思，是可供借鉴的教学参考用书，告诉大家“应该怎么练”或者说“可以这样一步一步地练”。

作者撰写本书的初心主要有两个：一是对多年的乒乓球训练和教学进行总结和反思，提高自身能力；二是抛砖引玉，希望对他人有所助益。本书提出的观点和方法、对乒乓球教学的理解，难免存在不足或谬误，在表述上也可能有疏漏，但希望借此引发讨论和交流，让更多人受益：资深教练可对照自己的训练，互相探讨，共同提高；乒乓球爱好者可据此理解乒乓球技术和训练，提高自身技术水平；有意从事乒乓球教学的爱好者或新教练可据此进行学习和参考，完成乒乓球教学生涯的第一步；家长可以据此了解乒乓球教学和训练，对照孩子的学习和训练，清晰认识不迷路。

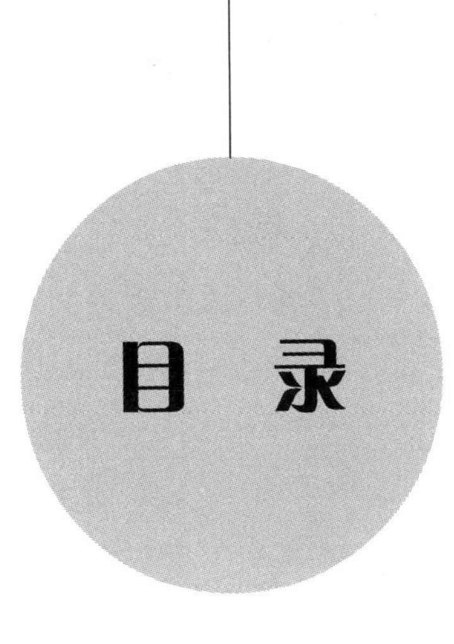

目录

第一篇　乒乓球启蒙训练需要明确和探讨的问题

第二篇　乒乓球启蒙阶段的技术训练

第三篇　乒乓球启蒙阶段的教学方法

第四篇　乒乓球启蒙训练的其他重要内容

第五篇 致敬中国乒乓球最可爱的人

第一篇

乒乓球启蒙训练需要明确和探讨的问题

- 乒乓球启蒙训练需要明确的几个要点
- 乒乓球启蒙训练需要探讨的 15 个问题

第一章

乒乓球启蒙训练需要明确的几个要点

一、乒乓球启蒙阶段的界定

对于乒乓球训练启蒙阶段，一般有如下两种说法：

第一种说法，按照能力和水平划分，专业队以下都是启蒙阶段。换言之，没有进入省级专业队之前都是启蒙阶段。

第二种说法，按照训练时间和节点划分，4 ~ 7 岁在基层进行启蒙训练，7 ~ 10 岁在市体校进行半专业训练，9 ~ 12 岁逐步进入省队进行专业训练，15 ~ 16 岁逐步进入国家队训练。

本书所论述的是 4 ~ 7 岁这个时间段的乒乓球技术训练和教学方法，是从孩子拿起球拍开始训练到进入市体校之前的训练阶段。当然，其他年龄段或成人初学者也可以参照这些技术要点和教学方法进行训练。

二、乒乓球启蒙训练的身体特点

从生理学角度看，人体神经系统发育到 8 岁才趋于完整。

在此之前，神经系统对肌肉运动的支配会不太准确，容易出现偏差。当然，有的孩子也存在发育相对较早的现象，但人体神经系统基本上都是到 8 岁才发育完整，即使发育相对较早的孩子，神经系统往往也是不完整的。

现在的乒乓球启蒙训练基本上是从孩子 4 岁甚至更早就开始了。考虑到人体神经系统的发育程度，需要特别注意训练进度，不要贪快、贪早打上球或打多少球，而一定要先将动作做准确，再循序渐进地学习。

一位乒乓球界长者曾指出，一个错误动作至少需要 70 次正确的训练才能矫正过来。在乒乓球技术训练中，一旦出现“硬伤性”短板，会极大地限制孩子的后续发展，导致孩子要在后续训练过程中一边学习，一边改正错误动作，这将严重影响进步速度和发展空间。只有在启蒙阶段扎好技术框架，掌握合理的技术动作，在后续学习和训练中才能更自然地增加训练量和训练强度，才会有长足的进步空间。

三、乒乓球启蒙训练的技术动作

中国第一位乒乓球博士张晓蓬在国家体育总局举办的 2014 年中国青少年乒乓球训练教学大纲培训班上曾指出，乒乓球技术追本溯源可以分为正手技术、反手技术、削球技术和发球技术 4 种，乒乓球其他技术都是从这些基本技术延伸出来的。2008 年出版的《青少年体育素质教育——乒乓球》将主要单项技术分为正手进攻技术、反手攻球技术、搓球技术和削球技术。

可以这样理解正手技术：在近网时就是挑球，在近台时就是攻球，在退台时就是拉球，而拉球又可分为拉上旋球和拉下旋球。反手技术也可以这样类似理解。而削球技术在台内是搓球，出台就是削球。

这三项技术细分的各技术之间应该是一体相承的，各技术之间具备连续性和延展性。或者可以理解，只要掌握了其中一项技术，就可以顺延掌握其他技术。例如，如孩子先掌握了近台攻球，就可以很轻松地上步进行台内挑球，或者很自然地退到中台进行拉球。同时，也可以基于这样的理解来判断一个技术动作是否合理。好的技术动作一定是看起来非常自然，自我感觉比较舒服，动作幅度可大可小，站位可前可后。

在启蒙训练时，要根据孩子的身体状况和实际能力安排恰当合理的技术训练，而不能贪多，不能求全，不能一味地追求进度。例如，在启蒙训练阶段不建议教学台内拧拉（主要原因是这个阶段的孩子的身高一般都比较矮），而应注重熟练掌握搓球技术，能熟练运用摆短和劈长。

四、乒乓球启蒙训练的教学顺序

乒乓球启蒙训练一定要注意教学顺序。乒乓球启蒙训练的合理教学顺序应为：

第一步，动作定型。

第二步，打数量。

第三步，出质量。

第四步，技战术学习。

乒乓球启蒙训练时，最重要的是先把技术动作做正确，这是打好乒乓球最基础、最重要的步骤；接着要打出数量；当把数量打出来、把手感练出来后，则要提高球的质量；等把这些都练习得差不多时就可以练习战术性计划。

乒乓球启蒙训练时，不能想着把什么都教给孩子，也不能把什么都一股脑地教给孩子，否则会让孩子很难理解和适应。应该先确认哪个是当下最主要的矛盾，哪个是最急需解决的问题；应该先着重解决主要矛盾，再逐步解决次要矛盾。

乒乓球启蒙初始阶段应该先教手、手腕和手臂的动作，等手臂动作熟练掌握后再教蹬地转腰的动作。当然，后续的教学顺序也不是泾渭分明、不容混淆的，而是息息相关、互为表里的：数量的积累可以提高质量，没有质量就不会有数量的增加，而乒乓球技战术也需要尽早尽快进行学习和训练。

五、乒乓球启蒙训练的击球环节

在打乒乓球过程中，贯穿每一板击球的基本因素称为击球动作的基本环节，简称击球环节。乒乓球教材多将击球动作分成以下五个基本环节：

（1）准备。击每一板球前都要有所准备：一方面是身体方面的准备，包括站位、身体姿势等；另一方面是心理方面的准备，如眼睛紧盯对方，时刻准备回击来球。

（2）判断。对来球的路线、落点、速度、旋转及高低做出正确的判断。

（3）移步。根据判断的结果和准备使用的还击技术，迅速采用合适的步法移动到理想的击球位置。

（4）击球。根据判断的结果和准备使用的还击技术，结合采用的战术，用合理技术将球击回。

（5）还原。击球后身体重心迅速还原成准备姿势，或调整重心，以尽快转到下一板球的准备阶段。

上述五个基本环节不断循环，直到球落地为止。

江苏镇江陈康宁老师将击球环节分为“判断、调整、击球、还原”四个环节，这更易理解，值得学习和借鉴。

（1）判断。判断时既要有正确的准备姿势，又要能判断对方的出手。

（2）调整。通过步法调整身体的位置，在调整位置的同时调整身体重心，并根据来球的快慢轻重调整击球节奏。

（3）击球。运用正确的击球方法回击球。

（4）还原。击球后，手、臂迅速放松，为迎击下一板球做好准备。脚步要积极垫步，保持重心；眼睛要盯着对方下一板的出手，进行下一板球的判断。

上述四个环节同样不断循环，直到球落地为止。

六、乒乓球启蒙训练的重点和难点

1. 手　法

乒乓球的核心要素是旋转。乒乓球的旋转是怎么形成的呢？或者说，怎样才能更好地形成乒乓球的旋转呢？这主要是靠手指和手腕的控制，也就是在手指控制球拍、手腕做包球动作的同时收小臂。在同样条件下，收小臂的动作是否更清晰，将决定摩擦球是否更好。许多小运动员的比赛成绩比较突出，但难以进入高层次专业队训练，究其原因在于摩擦球不好，从而在很大程度上限制了他们在乒乓球领域的进一步发展。

为了获得更多向前的力量，专业运动员正手击球往往是向前打，甚至给人一种往前"抡"的感觉。然而，如果按照这个动作进行启蒙训练，孩子就会"抡"大臂向前推，这可能严重限制孩子的后续发展。因为大家往往只看到了专业运动员往前打球时"抡"的大动作，而没有注意到他们在击球一刹那手指顶拨、手腕内旋的小动作。

高水平的乒乓球技术往往蕴含着小动作，大动作中套小动作，小动作蕴含在大动作之中。这些小动作的练习必须从小开始，一旦在启蒙阶段错失了小动作的训练，长大以后即使数倍地加以练习也难以弥补这个短板。因此，启蒙训练一定要注意孩子手指、手腕等小动作的训练。

2. 步　法

步法是乒乓球的生命。步法的移动必须贯穿乒乓球的整个击球过程。

打乒乓球时，步法要轻盈，下半身要紧凑，上半身要放松。

脚要时刻动起来，用小碎步垫起来。下半身要紧凑是因为步法不能懒散，腿要像弹簧一样有弹性。上半身放松是因为要用腰胯和身体打球，要收住核心力量，同时必须保证整个上半身不僵硬死板。

小碎步也可称为垫步，是乒乓球运动中最重要的步法，虽最小但最重要。垫步是承上启下的，既是还原的步法也是启动的步法，既是上一板击球结束的还原也是准备下一板击球的预动作，是一切步法运用和结合的基础。

垫步的运用无处不在：发球时，垫步还原，完成击球前的准备；接发球时，垫步启动，让踝关节肌肉从静止状态进入启动状态；反手拉球时，如球在身体左侧则垫步、上左腿，如球在身体前面和右侧则垫步、上右腿；侧身位攻球时，先往旁边垫半步，再侧开身找球；侧身位攻球后的扑正手也需要垫步还原。

脚打七、手打三，千变万化快为先。步法是通过脚步的移动，将身体调整到最适合击球的位置，把所有不舒服的球调整成为相对比较舒服的球。甚至可以这样夸张地理解：只要步法到位了，就没有打不过去的球。

3. 意　识

乒乓球的技术训练（手法和步法）在平常是肉眼可见的，可以直接学习和借鉴，最难的是乒乓球意识的教学和训练。

因为意识是看不见摸不着的，但是意识的教学训练又是不可或缺的。乒乓球的意识和技术仿佛是人的两条腿。

乒乓球的意识训练与技术训练一样，不可能一蹴而就，需要一点一滴地渗透和丰富，需要在日常计划和教学中有计划、有目的地慢慢渗入。

乒乓球意识训练需要有标准、有要求，且必须贯穿整个训练过程，让孩子养成习惯，形成本能，夯实向高水平发展的基石。例如，养成移动击球的意识，知道并能够做到无论遇到什么球，都要先移动再击球；养成盯球的意识，知道并能够做到盯板和盯球，预判，提前移动击球；养成主动进攻赢球的意识，以正手作为主要得分手段，关键时刻敢于使用正手，等等。

思维决定行动，行动决定结果。养成良好的意识，可以提高整体水平和竞技能力，使训练效果最大化。乒乓球意识训练宜早不宜迟，一旦在启蒙阶段错过了，后续再弥补将会事倍功半。

第二章

乒乓球启蒙训练需要探讨的 15 个问题

乒乓球启蒙训练看似很简单，似乎谁都能教、谁都会教，但事实上启蒙训练有很大的学问，要教好并不容易。启蒙训练的难主要体现在两点：一是要有整体概念，要了解乒乓球技术训练的整体架构，心中有“全豹”，明白乒乓球要打成什么样，知道孩子以后的发展方向和目标，知道因人而异、因材施教；二是知道怎么与孩子沟通，知道怎么教，知道怎么一步一步地教，而不是简单的教练自己怎么打就怎么教孩子。例如，即使博士生导师来教三四岁的孩子学数学，也只能从 1+1 开始教起，必须以孩子可以理解的思维、用孩子可以理解的语言来让孩子明白 1+1=2。并且，还要让孩子明白为什么 1+1=2，目的是让孩子理解道理、掌握方法，能够顺延到 1+2=3。

乒乓球启蒙训练最重要的就是让孩子明白道理，掌握方法，循序渐进，不断完善，逐步提高。

一、乒乓球启蒙训练中击球上升期还是击球下降期？

无论是正手技术还是反手技术，启蒙训练中都应击球下降期。原因有三：

（1）启蒙训练伊始，如果没有经过训练而直接击球上升期，由于孩子个头比较矮，势必会抬起胳膊打球，往往容易用大臂往前推球，做不到收小臂击球。实践发现，即使孩子踩着垫板或者降低球台高度，甚至即便换做成人打球，先打上升期也容易用大臂往前推球。而若击球下降期，球拍放在球台下方，有足够的时间来收缩小臂向前、向上击球，则更容易体会到收小臂和包球摩擦的感觉。当能够熟练收小臂后，再多练习往前迎球，体会快收包球，逐步练习击球的下降前期、高点期和上升期，就能非常自然地延伸到其他技术动作。而一旦在启蒙阶段形成大臂往前推的动作，必定导致肘部僵硬，不会用手指、手腕打球，也很难掌握挑打和拉球技术，导致形成最大的短板。

（2）乒乓球的核心要素是旋转。怎样才能制造旋转呢？以正手攻球为例，触球时，食指顶拨球拍，手腕内收，配合收小臂来摩擦球，这样才能形成旋转。乒乓球运动从本质上来说是一项弧线运动，只要有合适的弧线，所有的球都能落到球台之上。换言之，乒乓球最重要的是制造弧线。怎样做才能更好地制造弧线呢？球拍由下往上摩擦球才能更适合、更充分地制造弧线，或者说球拍由下往上摩擦球比由后往前摩擦球能更好地制造弧线。这个道理如同绝大部分人从后往前移动比从前往后移动更简单，从左向右跑动比从右向左跑动更顺畅一样（“左撇子”与此相反）。

（3）击球下降期，实际上是要求在击球时能主动发力。击球上升期主要是借来球的力量，是借力发力。这种通过借力形成的技术动作一般只能固定在击球的上升期。一旦后退一步，大臂习惯性架着，很难放下来，不但击球时特别容易漏球，而且遇到半高球时，由于球的弧线和节奏改变了，这种技术动作将很难打上球。击球下降期是等球下落时再击球，这样的击球实际上是自己在主动发力，是自己在制造弧线，是自己在控制球，而且更容易发上力，这样建立的动作才是自己的。

随着击球水平的提高，击球下降期可以非常自然地过渡到击球高点期、上升期，顺延掌握其他技术动作。好比同样拥有一百万元存款，借力建立的技术动作是通过继承得来的，主动发力建立的技术动作是通过自己的能力赚来的；又好比借力建立的技术动作是授人以鱼，主动发力建立的技术动作是授人以渔。两者的优劣显而易见。

二、乒乓球启蒙训练中先教正手还是先教反手？

乒乓球启蒙训练中应先教正手技术。原因有二：第一，正手技术难度更大，是以后得分的主要手段，而且正手能力是孩子乒乓球之路能否更长远的一个关键节点，必须突破这个重点和难点；第二，启蒙阶段的孩子个头比较矮，先学习反手技术容易磕到胳膊肘。

是否可以先教反手技术呢？当然也是可以的。先学反手技术的难度更低，更适合身材较高的孩子和成人。因为反手技术动作相对简单，先学反手，也就更容易打上球，更容易激发积极性，更容易形成对练和比赛，更容易形成氛围。当反手可以对练时，经常会出现意外球逼迫孩子调整着、尝试着用正手击球的情况；当反手可以比赛时，经常出现的意外球也会逼迫孩子用正手击球；当反手比赛反复拉锯、迟迟不能决胜负时，性格急躁的一方会主动用正手击球。或失误或胜利的过程和经历都会激发孩子的积极性，都可以顺利迁移到正手技术的学习。

三、乒乓球启蒙训练中最重要的是什么？

乒乓球启蒙训练中最重要的是包球。乒乓球是一项弧线运动，打球需要制造弧线。乒乓球的核心技术是摩擦，打球需要摩擦球。这两者都需要通过包球来实现。

怎样做才能让孩子体会包球呢？可以让孩子把左手握成拳，用右手掌轻轻地撞击一下左手拳头，告诉他这叫撞击；再用右手掌轻轻地撞击左拳，包裹左拳后从拳头顶部慢慢蹭过去，告诉他这叫包球，也就是摩擦。同时，告诉他撞击和摩擦的区别：一是球拍击球的方式不同；二是球停留在球拍上的时间长短不同。之后，让孩子用手反复模拟撞击和摩擦，从而更加深刻地理解和体会包球。

正手技术最重要的一点就是包球。正手攻球、拉上旋球、拉下旋球、对拉、挑打等都需要包球。当孩子熟练掌握包球技术后，可以要求他快速包球，也就是快速收小臂包球，以进一步提高击球质量。

教孩子时务必让孩子包住球。无论是派发多球还是带单球，给的球都必须长一些，球的落点差不多在中台和近台之间的位置。要让孩子打下降期，要能包住球，还要把动作做完整。如果给的球短了，孩子的手臂架在上面，会形成一个向前推球的架势。这样的动作一旦定型，会影响后续拉球技术动作的学习。

如果孩子很难体会包球，就需要把球的弧线给得再高一些，让孩子等球落下来时再击球。这样更容易让孩子感受包球和摩擦。还有一种方法，可以让孩子引拍、停留到大腿外侧，等球下落时稍等一下再往前击球，这样摩擦球的感觉会明显很多。

实际上，反手技术和削球技术也需要包球。

四、乒乓球启蒙训练中需要细抠的点有哪些？

许多运动员在乒乓球这条路上没有达到一个应能达到的高度和远度，追根溯源，很可能是握拍、引拍这些细小的环节导致的。不只是因为千里之堤，溃于蚁穴，不只是因为木桶短板理论，更是因为乒乓球技术一环扣一环，环环相扣。

第一项技术歪一点会导致第二项技术更歪一点，即所谓的差之毫厘，谬以千里。例如，握拍时拍肩过于偏向食指根，打球时就会有“用水瓢往里舀水”的感觉。因为这样持拍时，不可能用手指、手腕来调节板形，也不可能收小臂打球，在击球时只能靠大臂往身体方向“夹”，同时小臂外翻来打球。拉球时只能用更大幅度的动作来“翻球”或往上“托球”。正手技术这样，反手技术也有类似现象。

每个人对乒乓球训练和教学可能都有自己的理解，阐述方式也不尽相同，呈现出“百家争鸣，百花齐放”的景象。那么，应该如何理解启蒙训练、怎样进行启蒙训练呢？例如，每个人走路都不是别人教会的，而是在健全健康的条件下自然而然就可以做到的。当然，这取决于两点：一是耳濡目染地感知和学习；二是走路的动作符合人体的生理结构。虽然每个人走路的姿势不尽相同，步幅的大小、落地和蹬地的用力等也不相同，但是每个人走路时都会非常自然地摆臂，身体上下都是非常协调的。这是个性化与共性化的问题。乒乓球启蒙训练也是这样。参考对走路的理解，可以从以下几点逐一对照，了解自己的启蒙训练是否合理。

1. 怎样握拍

1）球拍与手臂的关系

打乒乓球时，应该将球拍视作手臂的自然延长。当手臂下垂或前伸时，手和小臂自然地在一条直线上。握拍时，球拍和小臂也应在一条直线上，既翘拍头，又不能吊腕。

在正手技术中，如果球拍翘，则击球时只能往前推球。如果吊腕，则虽然在理论上会有一些摩擦，但是对半出台球、高球的处理都会有很大的缺陷。翘板和吊腕只是表现形式不一样，错误实际上是一样的，都会造成持拍手手腕非常僵硬。球拍只有在放松自然打开的情况下，对落点、冲吊、晃撇、节奏调整、线路变化等的处理才可以比较舒展地完成。

在握拍时，球拍实际是手臂的延伸，这种握拍状态自然最好。例如，当正手拉球时，手臂自然打开，拍头自然朝着斜下方。当孩子具备一定的乒乓球水平后，自然而然就会形成最适合自己的握拍方法。

2）横板握拍

横板握拍可以参考拿菜刀切菜的场景。握拍时，要以大拇指和食指为主，由大拇指和食指捏住球拍，而以其他三个手指为辅，自然握住拍柄。只有这样抓拍，食指和大拇指才能用上力。握拍时，拍肩要稍稍偏反手一点。这是为了更好地包球和正反手转换。需要注意的是，拍肩稍微偏反手一点即可，一定要避免偏反手太多，否则很难击球的正面，且不容易向前发力。握拍时需要松一些，可以在虎口的位置留出一粒花生米大小的空间。给虎口留出恰当的空间是为了让手指和手腕更灵活，更容易发力，也为了正反手可以更好地切换，能更充分地制造弧线。当孩子水平提高后，自然而然就会进一步调整握拍的方法和位置。

横板握拍最忌讳两种情况：第一种情况是握拍过深，用虎口卡住拍肩。深深地握住球拍，容易造成翘拍头，阻碍小臂在引拍时的放松和打开，同时造成手背、小臂上侧肌肉和大臂肌肉紧张，影响手指和手腕的灵活性，极容易造成大臂往前推球。第二种情况是握拍太浅，抓到拍柄尾部。这种情况一般是因为握拍时是以中指、无名指和小拇指为主来握拍。这是不合适的。一是因为这样握拍太松，不好控制球；二是因为在正手攻球时需要大拇指扣板、食指顶板，在反手攻球时需要大拇指往外顶板，而以中指、无名指和小拇指为主的握拍方式不能很好地完成这样的动作。

3）直拍握拍

直拍握拍（直拍横打打法）可以参考拿筷子的方法。握拍时，对球拍正面，以食指第一个关节扣住板边，以大拇指第一个关节压住另一半的板边；对球拍背面，以拍柄右侧为主压在食指根部，并以此作为击球时的支点，中指、无名指和小拇指自然叠加，以中指或中指和无名指指尖的斜面顶住球拍，顶拍位置大概在拍柄左边的延长线上。

以反手推挡为主的握拍与直拍横打打法的握拍方法稍有不同，主要在于食指和反手的另三根手指：食指，相对更需要往里扣板，以食指第二指节扣住板边；球拍背面的中指、无名指、小拇指要自然叠加，呈半环状，以中指第一指节的横面顶住球拍中间。

乒乓球直拍打法是我国的传统打法。与横板相比，直拍打法手指的运用更精细，手腕更灵活，在发球变化、处理台内球和追身球等方面更有优势。这种握拍方法与国人从小使用筷子就餐具有先天的相似性，可以这样夸张地理解：每一位中国人都具备打直拍并成为直拍高手的潜力。

随着现代乒乓球运动的发展，直拍打法解决了背面击球的短板问题。无论是基层启蒙训练还是高层专业队训练，都应加强对直拍打法的关注和倾向，让直拍打法的优良传统可以继承并发扬光大。

握拍出现问题会影响整个技术动作。人体的肌肉和关节是相连的，所有动作都是一环扣一环的，一步错，步步错。很多人动作结构没有问题，只是握拍出现了偏差，但呈现出来的技术动作却大不一样。

在击球过程中，手指不能紧紧握住球拍，不做任何调整。以横板为例：反手击球时，拍肩需要偏向食指根一些；正手击球时，拍肩需要稍回调一些；当进行正反手结合训练时，需要不断将板形进行这样的细微调节。握拍时，拍肩相对居中最合适，并需要根据不同情况进行调整：如果握拍偏反手，正手击球时需要向虎口微调一下；如果握拍偏正手，反手击球时需要向食指根部微调一下。

2. 肘的位置

重要的事情要说三遍：肘的位置很重要！肘的位置很重要！肘的位置很重要！

肘所处的位置决定了大臂的状态是不是僵硬。一旦大臂僵硬，则只能用大臂向前推球，绝对不可能做到收小臂，更不可能灵活地运用手指、手腕击球。

那么，肘在什么位置是最合适的呢？可以回想一下集体跑操的场景：启动口令是“跑步——走”，当喊到“跑步”时，要求两手半握拳，提到腰际，约与腰带同高，拳心相对，肘部自然贴近身体。这时大臂是自然下垂的，呈现最放松的状态。换言之，肘所处的这个位置是大臂能最放松的位置。在教学正手攻球时，肘也应该在这个位置。当击球或接发球时，需要屈膝收腹含胸，大臂随之自然放松下垂，肘的空间位置实际上相对不变。肘能否找到这个位置，决定了能否让大臂处于最放松的状态。

3. 如何引拍

引拍是乒乓球技术中非常重要的一环。引拍要放松，要能用身体带动而自然引拍。这是引拍的原则性要求。

以正手引拍为例：球拍在自然状态时位于身体前方，引拍时，当步法调整到位后，右脚踩住地，往后转胯，胯带动身体向后转，重心压到右腿，此时肩部放松，肘部放松，小臂顺势打开，球拍自然放松并下垂于大腿外侧靠近大腿的位置。这样引拍即通常所说的“腰带手”。击球时，右脚迅速蹬地，转胯往前，带动身体将重心压到左腿上，如同感觉整个人的力量从右脚蹬出来后迅速压到左脚；击球后，迅速垫步还原。

正手击球时，向前的力量是由躯干带动发出来的，而人体躯干转动的范围是一定的，换言之，引拍的距离是一定的。为了获得更多往前的力量，不能往后引拍。一旦往后引拍的动作过大，球拍往前的距离就会变小。而且只要向后引拍幅度过大，基本上都是在拉大臂或甩大臂，不但整个身体缺少了向前的力量，而且在击球时大臂只能往前抡，根本做不到收小臂，更不可能灵活地运用手指和手腕。

4. 球拍的位置

击球时，球拍的路线应该是怎么上去就怎么下来，不能画弧、画三角。对于有一定基础的练习者而言，可以参照两个位置，以便于记忆、训练或者纠正动作。正手攻球时，当完成引拍后，大臂自然下垂，肘部放松，小臂自然打开，拍头自然斜向下，拍柄应可以碰触到大腿外侧的位置；当完成击球后，球拍中部收到额头，这时如分别睁一只眼闭一只眼则可以看到球拍相应一面。

这里需要强调两点：一是球拍完成引拍后的位置不是球拍在启蒙训练伊始时的位置。启蒙训练伊始，球拍和持拍手低于肘即可。随着水平的提高，球拍的位置将逐渐往下移，直到大腿外侧。二是球拍完成击球后的位置在额头，是指额头范围内的一个区域，而不是某一个点。这个位置因人而异，可以稍偏左一点也可以稍偏右一点，可以稍往上一点也可以稍往下一点，不必过于苛求，只要不影响击球的质量和动作的连续性就可以。

5. 上肢的用力顺序

正手攻球时，上下肢和躯干既分工又密切协作：下肢蹬地，转胯，通过躯干转动获得向前的力量；上肢包球摩擦，制造弧线，在蹬地转胯的同时完成击球动作。那么，上肢的发力顺序是怎样的呢？是大臂带动小臂吗？掷铁饼时，身体转动带动大臂，大臂带动小臂，在最后出手的一瞬间用手指“拨”饼来制造弧线。掷标枪也是用大臂带动小臂，最后通过手指“拨”枪完成鞭打动作。与二者相比，正手攻球时上肢的发力顺序恰恰相反，应该是先动手指，后动手腕，再收小臂，最后到大臂。世界冠军、前国家青年队女队教练李赫男对此的论述是，正手击球时离身体越远的部位越先动，也就是平时所说的“手带腰”。

可以参照以下三种情况，用心体会和印证：

（1）挑球可以看作放大版的正手攻球动作。挑球时，上肢的发力顺序是先手指，后手腕，再小臂，最后大臂。

（2）初学正手攻球时，孩子可能会经常打不上球，有的教练会把着孩子的手来打球。这时上肢击球的发力顺序也是如此。

（3）正手攻球的击球动作是一个多轴性的旋转运动，也可以简单地看作球拍或手指以肩关节为圆心做了一段弧线运动。由此，最外面的部位势必要先动，才能完成这样的弧线运动。

6. 关于还原

有些教练在教孩子两点攻球和正反手攻球时，每打完一板球都要还原成准备姿势，然后并步移动，到位后再引拍，准备下一板的击球。这里能真心感觉到这些教练的用心，明白这些教练清楚“还原”在整个击球环节的重要性，知道“还原”是上一板动作的结束，更是下一板动作的开始，所以对孩子才有这样的要求和训练。但是这样的动作可能让人感觉特别别扭。别扭的原因是这些教练对“还原”的理解出现了偏差，把“还原”简单理解为调整身体成准备姿势，把一个原本应该非常流畅的动作因为这样的“还原”而拆解成单独的两部分。这如同自行车齿盘上缠上了异物，虽可以继续骑行，但总归感觉既别扭又难受：一是蹬骑时断断续续，让骑行者难受；二是需要骑行者多花费很多力量；三是骑行速度大幅度降低；四是对自行车本身也有所损害。

对于还原，苏丕仁在《现代乒乓球教学与训练》中这样阐述：“击球后，应根据具体情况，迅速还原到准备姿势，或对身体重心做适当调整，以尽快转到下板球的准备阶段。”前国家队功勋教练吴敬平老师曾针对两点攻球如何还原这个问题说：“还原，主要是身体重心的调整。两点攻球的还原主要把重心从左腿往右腿上调整。其他情况下的还原，要根据不同情况进行调整。”

如何进行还原呢？可以参考江苏镇江陈康平老师对还原的指导：还原，击球后手臂迅速放松，为迎击下一板球做好准备；脚步，积极垫步，保持重心；眼睛，盯着对方下一板的出手，进行下一板球的判断。

还原是承上启下的重要环节，在整个乒乓球运动中必不可少，必须灵活理解、灵活运用，从而让整个技术动作更顺畅、更具合理性。

乒乓球技术往复杂里说，纷繁复杂，眼花缭乱；往简单里说，简简单单，一目了然。把自然状态下一些最核心的点做好，呈现出自然、放松的状态，就是乒乓球技术原本应该的样子。

五、乒乓球启蒙以多球训练为主还是以单球训练为主？

乒乓球启蒙应该以多球训练为主。

多球训练是乒乓球启蒙训练的根本手段，也是最重要的训练方法。只有极少部分水平精湛的教练可以用单球进行启蒙训练，对大部分教练来说，乒乓球启蒙必须依靠多球训练。可以这样理解，一位合格的启蒙教练必须具备优秀的多球训练技术。

多球训练是教练通过派发多球，提高孩子在单位时间内的击球次数，提高训练强度和密度，完成量的积累，从而让孩子尽早尽快地建立技术动作定型或者形成技战术。在多球训练中，最重要的不是计划本身，而是对训练计划有标准、有要求，是准确到位，是因人而异，是因材施教，是从实战出发（这个问题将在后文进行详细阐述）。

乒乓球启蒙伊始应以多球训练为主，随着孩子能力的提高而逐步加入单球训练，并增加单球训练比重。

六、乒乓球启蒙训练应该快一些还是慢一些？

乒乓球启蒙训练应该慢一些。

受社会的渲染和教练认知、能力的影响，大部分启蒙训练都在一味追求“快”。一般来说，乒乓球启蒙训练的“快”主要体现在三个方面：一是教练派发多球的力量偏大，来球快且顶；二是教练派发多球的速度偏快，造成孩子击球时的节奏偏快；三是启蒙训练的进度偏快。

乒乓球启蒙中，往往“快就是慢，慢就是快”。根据本书一开始介绍的孩子的身体特点，如果教练供球力量大，来球快且顶，势必造成孩子击球时架肩打球；教练派发球快、节奏快，会让孩子来不及收小臂，只能用大臂往前推球，而且孩子打球的节奏一旦快了，容易越来越快，想要慢下来会非常困难，但打球的节奏由慢到快却相对简单；训练进度快，就会忽视基础，忽视训练质量，故一味追求训练进度，“样样通”的结果必然是“样样松”。

七、乒乓球启蒙训练中先练习颠球还是直接上台打球?

乒乓球启蒙训练时直接上台打球就好。

颠球时，一般情况下身体成站立姿势，右手将球拍持平置于胸前，左手将乒乓球在身前轻轻抛起，待球下落接近球拍时，持球拍主动向上迎球，将球轻轻向上颠起来。待乒乓球下落时，再持拍向上迎击球，由此形成连续颠球。

颠球时，需要调节板形，需要控制力量，需要控制节奏，这样才可能会颠球，才可能连续颠好球。这些对孩子来说难度非常高。而上台打球，可以简单地看作只是颠了一次球，只是用力方向不同而已。两者的难易程度显而易见。

直接上台打球并不意味着不重视熟悉球性的练习。托球、颠球、正反颠球、对墙击球、对地拍球、自抛自接球、抓地面反弹球之类的熟悉球性练习都需要融入后续的循环教学中，且必须加强球性练习。

八、乒乓球启蒙训练中先徒手练习还是直接上台打球?

乒乓球启蒙训练时直接上台打球就好。

孩子对打球这个动作没有概念，并不理解，除非教练在一旁亲自指导和监督，否则单纯的徒手练习容易造成孩子用大臂向前推的动作。加之徒手练习非常枯燥，容易挫伤孩子学习乒乓球的积极性。而一开始就上台打球，只要教法得当，孩子就可以打上球。当孩子能打上球时，当孩子不断获得肯定和表扬时，自信心将高涨，积极性将提升，将更乐于参与乒乓球训练。

直接上台打球并不意味着不重视徒手动作的练习。徒手练习对固化动作、尽早尽快形成技术动作定型具有无可替代的作用。徒手练习会在后续的多球训练中与托球、颠球、发球、接发球等穿插循环进行。

传统的启蒙训练基本上都是先进行一段时间的徒手练习，在孩子能初步掌握动作后再上台击球练习，这也是经过很多人验证的教学方式。从目前的教学实践看，先进行徒手练习需要解决几个问题：一是教练要有时间盯着，及时指导和纠正动作；二是解决孩子兴趣和积极性的问题；三是与家长沟通，解决家长支持的问题；四是解决徒手练习动作与实际击球动作衔接的问题。

九、乒乓球启蒙训练中使用标准球台还是矮球台或者使用垫板？

乒乓球启蒙训练中直接使用标准球台就好。

直接使用标准球台的原因有三：

（1）启蒙训练应该是大课与小课结合的形式，不可能所有球台都降低或者使用垫板。

（2）启蒙训练中要让孩子尽早尽快发球、接发球、打比赛，还要多打比赛，以此来提高孩子的比赛能力，而所有比赛使用的都是标准球台。

（3）启蒙训练从正手技术开始，对球台高度的要求比较低。练习正手攻球时，胳膊、肘一般不会磕到球台。

十、乒乓球启蒙训练应怎样讲解？

经常看到有些教练在训练时讲述得滔滔不绝，不自觉地成为“最亮眼的星”。是否需要讲解得那么细致？让孩子先自己来做，教练适时再进行指点是否会更好？例如，教学并步攻球时，有的教练先让孩子学习并步：教练先示范，再讲解，然后让孩子并步移动，最后让孩子上台并步移动攻球。实际上，在初学并步攻球时可以让孩子直接并步跳，因为当下最主要的任务是对上肢动作进行学习和调整。可以比较“简单粗暴”地让孩子直接并步跳，即使有的孩子在开始时不会并步跳，只能跨步或者蹦，但依然不做过多的要求，只要派发的多球慢一点、长一点，孩子很快就会做到并步跳。教练要相信孩子自身的能力，要做好发现、挖掘、引导和培养的工作。

乒乓球启蒙训练有两种教法，一种是教孩子“怎么做”，另一种是教孩子“做成什么样”。具体采用何种方法进行教学和训练，可以根据孩子和教练的自身情况来选择。

例如，在教学正手攻球时，一是教孩子怎么做：教孩子怎么感受、运用手指和手腕参与击球，怎样收小臂，慢慢地教会孩子技术动作。二是教孩子做成什么样：要求孩子击球后把球拍收到额头。为什么要求把球拍收到额头呢？这实际上是解决收小臂的问题。因为要想把球拍收到额头，就只能收小臂，而要把小臂收到额头，手指和手腕必须参与击球。只有这样，小臂在击球后才能顺着惯性收到额头。一旦动用大臂过多，或者手指和手腕僵硬，球拍一定会高过头顶或者收到头部一侧。这样时间一长，孩子也能慢慢学会运用手指和手腕，收小臂打球了。

又如，当教孩子直板反手搓球时，告诉孩子后面三个指头顶住球拍，大拇指张开，触球时大拇指压住拍子的同时松开食指。这样一来，孩子慢慢地就会运用手指搓球了。这就是教孩子“怎么做”。对于这种细节问题的教学，如果不戳破这层窗户纸，可能一辈子都不知道应该怎么做。

再如，孩子初学乒乓球时可能既不会转髋，也不理解转腰。在教学正手攻球时，可以让孩子打斜线，让孩子在击球后把身体正对斜线大角。这样时间一长，孩子就学会转腰打球了。这就是教孩子“做成什么样”。

启蒙训练要充分发挥孩子的主观能动性，让孩子自由地发挥、发展，教练要做的是适时引导和指点。过多的说教不如让孩子先顺其自然地做，正如叶圣陶所说“教师之为教，不在全盘授予，而在相机诱导”。

十一、乒乓球启蒙训练中以大课为主还是以小课为主?

乒乓球启蒙训练中应该以大课为主。

乒乓球是一个对抗性的竞技项目，需要面对不同的对手，需要浓厚的竞争氛围。大课容纳了不同的孩子，性别不同、性格不同、水平不同、特长不同、思维不同、意识不同。孩子上大课时可以与不同的队友进行切磋和交流，更有利于进步。小课的主要作用是查漏补缺、培优提高，不应成为启蒙训练的主流。

现在由于部分教练能力的原因以及许多家长珍惜时间的原因，小课逐渐成为主流，这有些本末倒置了。实际上，无论从训练出成绩方面看，还是从经济负担方面看，大课训练都要优于小课训练。

十二、乒乓球启蒙训练是否应该面向全体孩子？

乒乓球启蒙训练应该面向全体孩子。

有教无类，应该是乒乓球启蒙训练最伟大之处。孩子是父母和家庭的希望。虽然每个孩子的天赋不相同，每位家长的期望和付出也不尽相同，但是启蒙训练时仍要坚持面向全体孩子，不放弃任何一个孩子。启蒙教练要善于发现不同孩子身上的闪光点，挖掘孩子的潜力，培养孩子的特长，让每个孩子都能获得最好的发展。

通过启蒙训练的培养，让有意愿、有潜力孩子能进入更高、更专业的层次进行训练，这也是启蒙训练的任务之一。对基层教练来说，虽然由于生活所需（只要孩子来上课就有一份收入）和发展所需（必须有足够多的孩子才能形成氛围和规模），对想来、愿来、能来的孩子都非常欢迎，不存在选材的斟酌，但是依然要清楚可以从几个方面简单地了解孩子：一是跑一跑，跳一跳，了解孩子的速度和协调性；二是颠颠球，了解孩子的手感如何；三是与孩子交流几个问题，了解孩子的反应，性格是否大方，是否敢回答问题；四是在训练中了解孩子的悟性和接受能力。

十三、如何判断是否是好的启蒙训练？

在启蒙阶段，孩子已经接受或者初步掌握了大部分技术动作。如果启蒙训练比较细腻科学，打下扎实的基本功，后续的训练就会是不断填充、不断丰富、不断打磨、不断提升的比较顺畅的过程。

那么，怎样才是好的启蒙训练呢？虽然每个人的天赋、能力和对乒乓球的理解不尽相同，每位教练对启蒙的理解和训练的侧重点也不尽相同，但是好的启蒙训练所呈现的技术动作都应该是合理的、协调的，能发力的、能连续的、能调节的，能摩擦好球的，具备可持续性发展的。简言之，好的启蒙训练应该是顺其自然的。

顺其自然，即顺着事物本来的性质自然发展。可以这样理解："顺"的意思是顺着、依着，与"逆"相对，不能违背。"其"的意思有三：一是孩子的生理结构、心理特点和认知能力；二是乒乓球的规律；三是每个孩子都是不同的，千人千面，要因人而异、因材施教、循序渐进。

好的启蒙训练也应该贴合以下三个方面：一是教练教的技术动作应该符合人体生理结构；二是孩子做动作时非常舒展，不别扭；三是旁观孩子的动作应该非常自然。

十四、如何理解因人而异、因材施教？

因人而异、因材施教，是乒乓球启蒙训练最核心的精髓。如何理解因人而异呢？细想一下八仙过海的八位神仙：铁拐李天生跛足，走路一瘸一拐；汉钟离行伍出身，走路龙行虎步；吕洞宾风骨不凡，走路潇洒倜傥；张果老背负道情筒，年龄最长，倒骑毛驴而行；曹国舅是皇亲国戚，走路官威十足；韩湘子是斯文公子，走路温文尔雅；蓝采和手持花篮，走路跳脱嬉唱；何仙姑手持荷花，走路婷婷袅袅。八仙中有男有女，有老有少，有贵有贱，各具特色、各有本领。虽然每个人走路形态各异，但是都无比贴合每个人物的身份和特点。如果他们之间走路的形态张冠李戴了，一定会贻笑大方。这就是因人而异。

在乒乓球启蒙训练中，因人而异是因材施教的前提和基础。因材施教是教练认识到每个孩子的不同，能根据每个孩子的特点进行教学，扬长补短，让每个孩子都能获得相应的发展，让每个孩子能获得与其自身天赋、后天努力、家长投入相匹配的成绩。

十五、如何理解乒乓球启蒙训练中的“专业”？

专业一词出自《后汉书》，释义为主要研究某种学业或者从事某种事业；专业的反义词是业余。在乒乓球爱好者、基层教练、家长和孩子的口中，“专业”一词的出现频率非常高，应该是使用最广泛的词汇之一。那么，怎么来理解乒乓球的专业呢？专业主要指在乒乓球领域具备了相当高的专业知识、技能和经验，这种能力具备强大的竞争力。

专业，在乒乓球领域是一个高度。一般指的是进行“三集中”（集中学习、训练、生活）的省级专业队。常说的“打过专业”就是指进过专业队训练。市体校一般采用走训的模式，水平相对较低，故称为半专业。

专业，在乒乓球领域是一个水平。一般指的是具备省级专业队的水平或者与省级专业队相当的水平，即通常所说的“专业水平”。

专业，在乒乓球领域是一个追求。专业是一个高度，一种水平，一项技能，一身可以安身立命、出人头地的本事。因此，“打专业”“走专业”是万千家长和孩子孜孜不倦的追求。

怎么理解乒乓球启蒙训练的专业呢？在启蒙训练中，专业主要体现在孩子和教练两方面。对孩子来说，主要指孩子的技术动作专业，合理、精细、厚实，能够顺畅地进入半专业训练，具备往更高水平发展的潜力。对教练来说，一是指教练的研究专业，能够干一行、钻一行、精一行，对启蒙训练有非常深厚的研究；二是指教练的训练专业，能够把握本质，能够因人而异、因材施教，能够把技术扣细、把基础夯实，让孩子具备向高水平发展的基础和能力。

第二篇

兵乓球启蒙阶段的技术训练

- 正手技术
- 反手技术
- 正反手结合技术
- 削球技术
- 从下旋球开始的结合技术
- 发球与接发球、发球抢攻与接发球抢攻
- 比　赛

第三章

正手技术

优秀运动员基本上都是正手技术比较突出的。这些运动员的正手技术动作虽不尽相同，但共性都是肩部放松、肘部放松、小臂能够自然收缩，能够灵活运用手指、手腕并作用于球拍，能够很好地包住球、摩擦球和制造弧线，身体都是舒展的，整体动作都是自然放松的。

反手得势，正手得分。作为最重要的得分技术，无论怎么强调正手技术的重要性都不为过。因此，正手技术要早练、多练、精练、巧练、苦练。

启蒙伊始，教孩子正手攻球的方法一般有两种：一种是击球上升期，另一种是击球下降期。目前来看，击球上升期的教法居多。其优点是将球拍高于球台，在乒乓球刚刚跳起来时向前借力击球，会更容易打上球。其缺点是上肢僵硬，以肩关节为轴向前推球，会妨碍后续的技术学习和进一步发展。而击球下降期的优点很多，如可以更好地包球，可以自然地收小臂击球，能够养成挑球、拉球、打高球时“等球”

打的习惯，可以自然延伸到其他技术训练。

一、定点攻球

初学乒乓球一般从定点攻球开始。很多教练在教正手攻球时往往让球拍高于球台，或者放在台面上，这是因为他们觉得孩子个头小，够不着球，把球拍放在台面之上更容易打上球。殊不知这样做会造成孩子肘关节僵硬，影响以后的技术动作。

启蒙训练时要让孩子把肘关节打开，让小臂呈下坡形状，让持拍手和球拍低于肘。这样就是击球下降期，不仅可以够着球、打上台，还能够对球实现一定的摩擦。此时，小臂的收放是明显的，肘关节和肩部都是灵活的。这是所有正手技术的基础，可为今后正手技术学习奠定基础。

有人说，小学生用大臂打球，中学生用小臂打球，大学生用手腕打球，研究生用手指打球。这里强调的是手指和手腕在乒乓球技术中的重要作用，不是要求小孩子在启蒙训练时只能用或者必须用大臂打球而不能用手指和手腕打球。事实上，在乒乓球正手攻球技术动作中，手指和手腕是核心部分，因为手指才是直接控制球拍的，用于包球和制造弧线，是提高击球命中率的关键所在。

有些教练在教孩子学习正手攻球时，不让也不敢让孩子动手腕，怕手腕太活了不利于做动作和控制球，还认为刚开始学球时不需要动手腕，等孩子大了自然就会了。其实这种做法，一是没有教学实践依据，二是对以后的技术动作贻害无穷。无论是正手攻球还是反手攻球，一定要告诉孩子在击球时手指如何做动作，可以手把手地让孩子体会手指和手腕的运用。尤其是练直板的孩子，要特别告诉他大拇指、食指及后面三指的作用和运用方法。

在孩子第一次进入乒乓球馆，准备练球时，不是先教孩子怎样握拍，也不是先让孩子做徒手动作练习，而是要强调如下四点：

（1）放松地拿球拍。孩子初学打球时，先不教孩子怎么握拍。如果这时候教孩子握拍方法，孩子会比较专注于球拍，甚至大多数孩子会比较用力地握住球拍。手指用力了，胳膊自然会僵硬起来，就会影响手指、手腕和小臂的灵活性，于是在击球时就会很自然地用大臂往前推球。这时候应该先让孩子自己来拿球拍，不做过多要求，只要虎口不是紧紧地卡在拍肩上就可以。

（2）拍面正向前方。这时候只要求拍面正对前方，也就是把拍子立起来。这时候即使有些吊板、吊腕也都先不去计较，等着后续再慢慢调整。

（3）拍子呈半横状，与球台端线平行，球台上沿大概平分球拍。球拍此时的位置是比较合适的。过高，容易用大臂推球；过低，击球难度会增加。这个位置可以随着孩子击球水平的提高而逐步往下放。

（4）击球时不许使劲。初学打球的孩子不可能明白什么是放松、怎么放松、怎么用力。他一接触球时肯定会紧张，一紧张就不由自主地用力，一紧张胳膊就僵硬，就自然而然地用大臂推球。如果这时用孩子更容易明白的话语告诉他“不要使劲儿”“轻一点打球”，孩子就会明白不能用力打球。当不发力击球时，就能比较放松地向前迎球，就会更容易地打上球。

在实际训练时，教练不可能向孩子讲解得这么细致，而是要求教练知其然并知其所以然。真正上台训练时，教练只给孩子简单地强调四点：拍面朝前，球拍放在球台后面，往下一点放，不要用力。在这种情况下，教练派发多球的标准是当孩子球拍静止后，下降期的球正好可以落到球拍中上部。这样，只要孩子不使劲用大臂，稍微动一下球拍就可以打上球，或者直接把球打过网。当孩子击球后，教练立即予以评价和鼓励。对性格活泼好动的孩子，提醒他慢一点、轻一点；对性格内向沉稳的孩子，鼓励他用力一点、向前一点。教练可根据孩子能否打上球再提醒他怎么调整动作。一般来说，孩子在几个球后都能打上球。一旦孩子能打上球了，孩子和家长的积极性也就起来了。

有的孩子在正手攻球伊始，经常打不上球。这时候要跟孩子说，不要着急，慢慢来，要先把动作做出来，把球拍收到额头。无论是否打到球或打上球，都要先把动作做出来，都要把球拍收到额头。长此以往，就能掌握正手攻球的动作了，也就能打上球了。

当孩子能打上球后，教练要及时进行如下提醒：

（1）提醒孩子慢些打、轻些打，不要着急。这实际上是要求孩子等球往下落一些再打，不要着急打，因为一着急一用力就会往前推球。

（2）提醒孩子把板形立起来，这样能更好地“吃”住球，能更好地体会球停在拍子上和包球的感觉。这时候板形甚至稍微向外展一下也可以，只要能打上球，就是很好的包球体验。

（3）提醒孩子在击球后要把球拍往额头上收。这是要求孩子收小臂，让孩子尝试着运用手指和手腕参与击球。

（4）提醒孩子把球打向斜线大角的位置，或者击球后要把身体转过来，正对着斜线大角。这是要求孩子体会转腰击球。

在学习正手攻球过程中，身体是需要整体配合的，手指、手腕、小臂、大臂要一起带动，这才是正手攻球的完整上肢动作。同时，还需要腰、腿的配合。有三点需要特别注意：一是在孩子还没掌握正手动作时千万不能发力；二是必须从下往上包住球，把球拍收到额头；三是不要向后引拍（向后引拍会导致向前推球，也常是顶到板边的原因）。

如果感觉正手攻球的动作有问题，可以先从握拍和引拍上找原因，这实际上也是在肩膀、小臂、手指和手腕上找原因。因为只要其中一个方面存在问题，整体动作就会存在问题。遇到孩子打不上球时，不要着急，要仔细分析哪里出了问题。有可能是动作的问题，也有可能是教练派发多球太低或太高的问题。总之，要冷静，要认真分析思考，再去调整。

训练时要注意这样一些情况：有些孩子击球不到位，挥拍到一半就停止了，这时要提醒他拍头必须收到额头，而且击球时每板必须包球；有些孩子会夹着大臂打球或蹬转时把肩膀带过去，这时要提醒他放松，击球时往前的力量要多一些，以提高击球的质量；有些孩子打球时间久了会逐渐吊腕或者压板，这时要提醒他调整手腕和拍面；有些孩子打球会吊腕或抓拍太松，这时要提醒他抓球拍稍微紧一些，手腕要与小臂成一条线；有些孩子手臂会不自觉地往上抬，手臂抬上去后就会从后往前打，这时要提醒他把球拍放在与球台平行的高度或低于球台，然后从下往上往前做弧线运动，用球拍包球，把动作做完整，把球拍收到额头。

在训练过程中，还要关注孩子非持拍手（左手）的动作。人的身体是左右对称的，左手的状态会如实反映或影响右手的动作。左手甩来甩去，会呈现出很松散的感觉；左臂向上架着，会给人非常僵硬的感觉，同时会带动右臂往上架，严重影响身体核心发力。因此，要让孩子将左臂自然放松并置于身体左侧，左手轻松半握拳。在正手技术中，左手是平衡和辅助发力的，在击球时不要与右手同方向挥动，要发挥辅助发力和制动的作用。如果孩子不由自主地扬起左手，可让他在手里握一个球拍或小哑铃。在反手技术中，左手要与右手同时向相反方向用力。

定点攻球不需要单独训练太长时间，一旦孩子可以打上球，就可以及早进行两点攻球训练。原因有三：一是定点攻球时孩子原地不动，肌肉容易紧张，而动起来会让孩子比较放松；二是乒乓球的生命是步法，要让孩子尽早尽快养成在移动中找球、击球的意识；三是除“一对一”和“一对二”的小课模式外，还有大课训练模式，让孩子动起来，可以容纳更多的孩子参与训练，更好地提高训练效率。

特别提示

当正手攻球动作非常熟练后，需要注意孩子击球后的球拍收到额头是否比较舒展，肩部是否放松。当这个状态比较固定后，可以加一个训练计划（每节课加一盆多球即可）：同样采用定点攻球，只是要求孩子在击球后球拍再往上收一些（之前是要求球拍中部收到额头，现在要求球拍拍柄或者说持拍手收到额头）。这样做是让肩部可以有更大的动作参与击球，让肩部更自由、更自如地参与到击球动作中，为以后退台拉球、打高球、打意外球做准备。可以这样理解和体会：我们平常走路时，小臂自然前后摆动，大臂虽参与摆臂动作，但大臂动作并不大；当我们大步流星往前走时，两臂前后摆动幅度加大，大臂参与摆臂的动作一览无余。这样的训练可以让肩部更放松、更自如，让整个正手技术动作可大可小、站位可前可后。乒乓球不是只有近台，还有中台和远台。在近台时，需要收小臂造弧线，提高上台概率；在中台和远台时，需要多利用大臂来向前发力。

为什么不在开始时就把动作做大，把球拍往上收呢？因为初学正手攻球动作时，把球拍收到额头可以让孩子或主动或被动地运用手指和手腕打球，可以更好地收小臂击球。在此基础上，到时候只是再往上收一些，加上有参照物，就会比较容易，可以非常简单地顺延掌握这个动作。如果一开始就把动作做大，使用最多的是大臂，一旦习惯使用大臂，将很难灵活地运用手指和手腕，也很难收小臂包球。这好比从后往前走比从前往后走更顺畅。

济南李莉老师在教学时经常这样做，供大家学习和借鉴：先集合讲解技术要点（家长参与），后期背诵检查，最后进行教学训练。以正手攻球为例：

（1）整理技术要点：① 两脚分开，比肩略宽，左脚在前；② 两腿微曲；③ 收腹含胸；④ 转腰，重心在右脚；⑤ 腋下距离一拳；⑥ 大臂自然放松，手臂和手腕在一条直线上；⑦ 板形前倾；⑧ 重心从右脚转至左脚；⑨ 球拍顺势制造 3 点到 12 点的弧线。

（2）集合孩子和家长，讲解技术要点，要求记录并背诵。

（3）督促家长检查孩子背诵技术要点的情况。

（4）对照技术要点进行实践教学。

多球训练计划：

正手位定点攻球；

接正手位定点攻球；

接追身位定点攻球。

定点攻球

二、并步攻球

1. 正手位两点攻球

当可以将正手攻球动作做完整后，就要用并步把不同位置的击球串联起来，称为并步攻球。并步攻球分为两点攻球和三点攻球。无论是两点攻球还是三点攻球，都需要时刻关注两点：一是让孩子把动作做完整；二是让孩子主动迎前击球。并步两点攻球练习一般从正手位两点攻球开始。

正手位两点攻球训练伊始只要求三点：

（1）慢一些。等孩子打完这一板球，把球拍收到额头，完成当下的击球动作后再跳。跳的同时往下放球拍，把移动位置和调整重心结合起来，一边移动一边调整重心，当并步落地后顺势把重心转移到右腿，完成下一板击球前的准备动作。

（2）跳。不是迈步或跨步，可以两只脚一起蹦。小孩子通过蹦来蹦去，很快就可以学会并步，因为左右移动时并步跳对孩子来说最简单，也是最容易做到的。

（3）把球击向斜线大角的位置，或者要求孩子击球后能正面面向斜线大角。

训练正手位两点攻球时，教练派发多球要慢一些，要等着孩子完成击球，要等着孩子把动作做完再发球，同时要不断提醒孩子把动作做完整。

正手位两点攻球是所有正手移动击球技术的基础，需要花费尽可能多的时间进行雕琢，需要让孩子在反复练习中慢慢体会和完善技术动作。

握拍：以大拇指、食指为主，击球时大拇指扣板，食指顶板，由外向内旋转用力，带动手腕内收，手腕带动小臂、大臂由外向内包球迎前击球，与重心转换、顶胯发力的方向相匹配。

引拍：右脚踩地，转胯带动重心往后转，力量压在右腿上，身体随着胯自然地跟过来，手臂跟随身体转过来，小臂自然放松打开，留出击球空间，完成击球前的准备。引拍时食指放松不用力，击球时食指用力顶球拍，带动拍头由外向内转动发力。

击球：右脚迅速蹬地，转胯向前，带动身体往前发力，最后把重心压在左脚上，感觉整个人的力量从右脚蹬出来后迅速压到左脚；手跟着身体，主动发力，迎前击球。击球后，左腿蹬地，并步带动身体向左移动，移动的同时重心向右脚转换，身体带动手臂放松下放，完成下一板球的引拍动作。

这是击球后并步从右到左的移动。无论是两点攻球还是三点攻球，都需要从左到右移动。特别需要调整重心来完成从左到右的移动：当击球结束后，重心落在左腿上；要从左向右移动时，先将重心转换到右腿上，在重心落到右腿上的同时，右脚蹬地，向右移动，落地后右脚踩地，重心落到右腿上，向后转胯，带动身体完成引拍动作。当孩子从左到右跑动时，教练派发多球的速度和节奏要相对放慢一些，要让孩子有时间把重心调整的动作做完整。否则，孩子要么不能完成完整的动作，要么会一边打球一边移动。

教学正手位两点攻球时，需要慢慢调整孩子的握拍方法，引导孩子屈膝收腹，逐步学会运用核心力量。可以双手扶着孩子的胯，让孩子体会胯向后转、向前顶，让孩子感觉胯是身体核心：体会胯往后转时腰部也随之向后转，带动重心，带动下肢，同时带动整个躯干；体会上肢放松地跟着身体，借着往后转的惯性把小臂打开；体会当右脚用力蹬地时转胯并带动身体转动，手就跟着胯原路返回发力，感觉胯把力量传递到手上，手主动迎前击球。这时可以让孩子在引拍时将身体正对右侧网柱，击球后再正对斜线大角，这样一方面有参照物，可以更好地理解和做动作，另一方面可以加深体会，能更好地完成动作和发力。

正手位两点攻球需要融入盯球（盯板）训练。盯球是乒乓球的首要技能。盯球的同时要进行判断，判断是建立在盯球的基础之上的。在训练两点攻球时要教孩子盯板，也就是盯球拍，盯着球拍触球的一刹那板面的方向和板面的角度，再配合来球进行判断。

为什么要盯板？盯球环节有三种方式：一是可以通过盯对手引拍来进行判断，但是引拍可以做假动作，对来球的判断容易过早；二是可以通过盯来球进行判断，但球速很快，一旦球过网后再判断就已经太晚；三是可以通过盯板进行判断，球触拍后的运动方式将不可能再改变，这时结合来球的弧线和飞行姿态进行判断刚刚好。由此可见，盯板是盯球最好的方法。

正手位两点攻球需要融入发力攻球的训练，即在接触球时突然发力，在瞬间把爆发力发挥出来。在练习正手位两点攻球时，要求孩子正常跑动到球台中间的位置击球，到正手位大角时发力攻球，再回到球台中间位置以正常力量击球。通过这样的对比训练，体会发力攻球时的蓄势和引拍，体会击球点和击球时间的不同，体会动作幅度和用力方向的不同，体会身体带动发力以及还原和连续。

当这个计划比较熟练后，可以反着练，也可以在后续的三点攻球中设定任意一个点进行发力攻球。孩子能发力攻球就表明孩子正手攻球具备了较高的质量。

正手位两点攻球需要逐步融入线路训练，也就是心中要有“假想敌”。从定点攻球只要打上球就好，到有要求的正手打斜线、中路打直线、侧身打斜线，再到“一点打两点”及“一点打三点”，最后到两点攻球、三点攻球时的打同一落点，如此逐步提高线路要求。比如，正手位两点攻球可以分为打斜线和打直线两个计划，后续的三点攻球也需要进行“三点打一点”的训练。正手攻球线路的变化不能只用手来调整，而要多靠身体重心的调整来实现，要让孩子体会拍头的方向就是发力的方向。

2. 侧身位两点攻球

正手位两点攻球熟练后，可以进行侧身位两点攻球训练。侧身位两点攻球可以分为从侧身位到中间位的两点攻球和从侧身位到反手小三角位的两点攻球。

训练从侧身位到中间位的两点攻球，当完成中间位的击球并步移动到侧身位时，需要尽力通过步法带动身体移动，并且需要通过调整重心带动身体向后转，尽量把球台让出来，尽可能多地空出击球空间。简言之，要尽力往外侧、往前站，否则来球稍微长一点就会顶到自己。

在训练这个计划时，往中间位派发的球不能落到球台正中间，应该落在球台中线偏左的位置，而往侧身位派发的球要尽量偏向边线，这样才能迫使孩子在向后侧身时能让出足够的空间。否则，因孩子往右跑容易，往左跑相对比较困难，导致他每板球都往右侧跑动多一点，往左侧移动少一点。这会导致孩子每次往后侧身会少一点，慢慢就会离球台桌角越来越近，最后完全侧不开身。

从侧身位到反手小三角位的两点攻球也要稍加重视和训练。虽然这个计划在比赛时可能用得不多，很多教练可能从来没有想过或训练过，但是仍然需要将其作为一个常规训练内容。原因有三：一是当侧身攻球时，球在突然变短的情况下需要有这样调整步法和手法的过渡性击球；二是作为比赛时出现的意外球进行训练；三是这个位置的训练更贴近实战，能更好地提高盯球、找球、在移动中击球的意识和能力。

当侧身位击球后，并步移动到反手小三角的位置时，不能急于直接打球，否则极容易顺拐击球，极容易将球打飞。

移动到位后，需要制动一下，做一个向后转腰引拍的动作，再蹬地转腰向前迎，向对方反手位或者反手小三角的方向击球。同时，小臂要多往上收一些，多一些向上的摩擦以制造弧线。

多球训练计划：

正手位两点攻球；

正手位两点攻球（每个点两板球）；

正手位两点攻球（轻重）；

正手位两点攻球（直线，斜线）；

侧身位到中间位两点攻球；

侧身位到小三角两点攻球；

正手位两点攻球（两人，两条线路）。

正手位两点攻球

侧身位两点攻球

3. 三点攻球

当两点攻球比较熟练后，可以进行三点攻球训练。训练三点攻球时，需要特别注意第三点的位置。派发多球时，要放慢发往第三点的球速，把球发得长一些，让孩子有足够的时间侧身，而且必须把侧身位充分让开，形成左脚在前、右脚在后的站位。

无论两点攻球还是三点攻球，都是用并步串联起来击球。训练时最重要的是不能急：一是发球的节奏不能急，否则完不成当下的动作就要急着打下一个球；二是派发球的力量要小一些，要让孩子主动迎前击球。

多球训练计划：

三点攻球；

三点攻球（每个点两板球）；

三点攻球（轻重）；

三点攻球（三点打一点，两个点）；

三点攻球（两人，两条线路）。

三点攻球

三、交叉步攻球

当并步三点攻球比较熟练后，可以逐渐融入交叉步攻球训练。交叉步攻球是当来球距自身比较远时，使用交叉步扑过去回击球。交叉步攻球是乒乓球必备的一项技能。

交叉步攻球有两种教法：一是先将交叉步的具体做法教给孩子，再练习交叉步攻球；二是用多球训练引导孩子，逐步完成交叉步攻球。

用多球训练引导孩子学习交叉步攻球的具体做法如下：

（1）三点并步攻球，中间位的球派发在球台中线偏左的位置，让孩子熟练击球。

（2）偶尔把中间位的球发往球台中线偏右的位置。孩子一开始可能会发蒙，会带着疑问的目光看向教练，意思是："怎么和以前发的不一样呢？"这时要提醒孩子"打球时要盯住球，球往哪里走，人就往哪里走，时刻注意去找球打"。

（3）继续发球到球台中间位置，且随着孩子熟练程度的提高，将更多的球派发到中线右侧，而且距离越来越大，让孩子有意识地盯住球，要求孩子在跑动中击球。

（4）当孩子能够打上球时，提醒孩子把球打向斜线大角的位置，或者当击球结束后，身体能够转过来正对斜线大角的方向。

（5）当孩子能够熟练转体击球时，实际上就已熟练掌握交叉步攻球。

训练交叉步攻球时，要根据训练实际情况告诉孩子，并不断提醒孩子：侧身击球后一定要有一个垫步还原的动作，这样才可能做好交叉步；侧身击球一定要让出足够的位置，这样击球才会有质量；追身的球要侧身往后撤，让出空间才能迎前拉，要不然会顶住；从侧身位往正手位跑时，一定要往前扑，且对离身体特别远的球，不能往后跑，因为那样会越跑越远，因此扑正手时要往前跑、向前迎。

交叉步三点攻球有多人分组交叉训练和个人单独训练两种方式。多人分组交叉训练主要训练孩子完成交叉步的动作。个人单独训练可以在训练交叉步攻球的基础上增加与下一板球的衔接训练，即交叉步攻球 + 正手位攻球、交叉步攻球 + 反手位攻球。需要特别强调的是：无论交叉步攻球后是哪一种衔接，都不能在交叉步攻球后直接打下一板球，而必须有垫步的调节。正手攻球时还要有引拍、蹬地、转腰击球的意识和动作，这是交叉步攻球衔接正反手攻球的基础。

步法是乒乓球的生命。只有通过步法的移动才能把身体调整到最合适的位置并进行击球。在启蒙训练中，教练派发多球一定要准确有度。从节奏方面来说，发球要慢，要让孩子能够充分做完动作，再让孩子击下一板球。发球快，往往会让孩子急急忙忙地打球，缺少脚步的移动，缺少腿和腰的蹬转，整个动作就会松松散散。

多球训练计划：

交叉步攻球（一人）；

交叉步攻球（两人，从正手位开始）；

交叉步攻球（两人，从正侧手位开始）；

交叉步攻球 + 正手攻球。

交叉步攻球

四、全台不定点攻球

全台不定点训练一般指全台左右摆速练习。全台不定点攻球是指正手攻球在全台范围不定点跑动的击球练习。当孩子能够比较熟练地掌握并步攻球和交叉步攻球后，需要练习全台不定点攻球。

教练派发多球时速度要慢一些，将球随机发到一个点上，让孩子用并步或者用交叉步去找球。等孩子打完这个球后再发一个随机落点的球，让孩子继续用并步或者交叉步去找球。练习过程中，要求孩子眼睛盯住球拍，盯住来球，人随球走，以腰带手，用步法调整身体和位置，让球停在身体的右前方这个最适宜击球的位置。击球时，蹬地转胯，带动身体发出向前的力量，手臂主动向前迎球；击球后，人不松懈，继续盯球、调整步法，再次击球。这样练习后，孩子会慢慢知道如何盯球、如何移动、如何用身体找球。

这一环节的训练要教孩子盯球判断，调整位置、重心、节奏，然后击球，且击球后要迅速还原，还原的同时盯球判断，进行再次启动。这里需要一边还原、一边盯球和判断，这两件事情要同时做。还原时，整个身体上松下紧，即手上迅速放松，脚下垫步要紧凑，保证随时可以再次启动。同时，还原时要盯球、判断下一个球的出手，对不同的球还需要进行二次调整。当这一环节的训练比较熟练后，各方面的能力将得到提高。

训练不定点攻球或三点扑正手时，当从侧身位扑正手时，派发球的节奏需要放慢一些，目的是让孩子有足够的时间侧开身，让孩子有足够的空间可以主动发力，让孩子击球后有足够的时间进行垫步调整。否则一旦过快，正手会被顶到。

多球训练计划：

全台不定点攻球。

全台不定点攻球

五、正手拉球

拉球最重要的是包球和力量传递。正手拉下旋、拉上旋或发力，都需要蹬地顶胯，用身体发力，胯和手臂一起向前送，手臂和胯要能合上力，能把力量传递到球拍上。正确拉球时，球拍要打开，给包球留足够的空间，用身体带动大臂，在把大臂送出去的同时收小臂。发力点在身体的右前方，高度在胯的位置。力量的传递是把蹬转的力量通过胯向前顶，由躯干传送到手臂，让球更有质量。

1. 正手拉上旋球

正手拉球的本质是把正手攻球的动作放大，同时加大摩擦力度。击球下降期实际上是拉上旋球。训练时，让孩子退后一步，等球下落时击球，并让孩子不要着急、不要用太大的力量击球，体会从下往上制造弧线、由后往前迎球和包球的感觉。这种正手拉上旋球可以从开始训练正手攻球时就作为一种调动孩子积极性的调节方式，每节课稍微打一打，随着孩子技术的熟练，逐步增加量和强度，加入两点、三点、全台不定点拉球的组合练习。

练习全台正手不定点拉球时，派发多球需要注意球的速度和节奏，一定要等孩子充分完成击球、在孩子恰好完成还原的时候再派发下一个球。这样才能让孩子充分完成当下的击球，让他在击球后能够先完成还原，能够积极调整步法和身形，尽力完成下一板的击球，从而让整个正手拉球技术动作连续和完善起来。

这里重点介绍近台攻球＋中台拉球（每个点三板球）训练计划的实施细节（包括后续近台左推右攻＋中台正反手拉

球）。近台和中台是两个位置、两个节奏，需要及时切换。

（1）注意调整节奏，近台的快速衔接与退后中近台的主动发力的衔接是不一样的，一快一慢。

（2）近台和中台的重心转换和转胯的幅度也不一样，一大一小。

（3）近台，离台近，距离短，需要加速收弧线；中台，离台远，距离长，需要加速放弧线。

（4）中台和近台的前后移动需要用垫步来完成，中台发完力后要垫步快速跟上。

多球训练计划：

两点拉球；

三点拉球；

全台不定点拉球；

近台攻球＋中台拉球（每个点三板球）；

两点攻球＋拉球（三个点四条线）；

近台两点攻球＋中台两点拉球（四个点两条线）。

正手拉上旋球

2. 正手拉下旋球

正手拉下旋球时，不需要刻意教孩子怎样拉下旋球，甚至一开始训练时都不需要提醒他。直接发下旋球过去，孩子击球，一般情况下肯定会下网。连续几个球后，有的孩子会调整拍形和击球点，能够拉上球，而大部分孩子会发蒙。这时问孩子“为什么会下网？看清楚发过去的球了吗？与之前打的球一样吗？”再向孩子讲解刚才发的球是下旋球，与以往的球是不一样的旋转，并告诉他两种旋转的表现，然后提醒他两点：一是盯板，要仔细观察球拍触球时做的动作，要时刻盯板。盯球是从盯板开始的。二是让他感觉下旋球的不一样，特别是与之前一直练习的上旋球的不同。告诉他遇到这样的球，等球稍微往下落一落再打，打的时候往上的力量要更多一些。在这种情况下，一般再体会三五个球，孩子就能拉下旋球。拉下旋球对孩子来说其实就是如此简单。

孩子会拉下旋球后，可以进行拉正手位下旋球、拉追身位下旋球、两点拉下旋球、三点拉下旋球、全台不定点拉下旋球的训练。在拉下旋球时，因为需要让孩子主动发力，所以在节奏上需要等半拍，等球稍下落时再拉球。派发多球的节奏、线路、长短一定要符合孩子的能力和水平，让孩子可以在跑动起来的同时完成动作，这是形成动力定型的必由之路。

随着孩子水平的提高，对其训练的要求必须相应提高，也就是节奏、线路、长短要提高一些难度，逼着孩子拼尽全力完成击球。尤其在训练正手全台不定点拉下旋球时，不能只练全台不定点长球，而要把实际情况中会出现的四种球（长球、短球、半出台球、机会球）都练到，要让孩子能根据来球进行二次调整。二次调整是指对来球已做出判断，身体已做好动作、有了准备，但来球又出现了判断之外的变化，于是及时进行第二次调整来回击球。一般都是需要先调整步法，再动手击球。

多球训练计划：

正手位拉下旋球；

拉正手位下旋球；

拉追身位下旋球；

两点拉下旋球；

三点拉下旋球；

全台不定点拉下旋球。

正手拉下旋球

3. 拉下旋球后的衔接

能够拉下旋球后，可以训练下旋球与上旋球的结合技术。训练这个环节时，需要让孩子特别注意引拍位置、发力方向及击球时间。拉下旋球时，引拍需要稍稍往下一些，发力方向需要往上一些，击球点需要靠后一些，击球下降期。转上旋球时，引拍需要稍高一些，发力方向需要往前更多一些，要主动向前迎球，击球点更靠前一些，击球上升期或高点期。

训练拉下旋球后的衔接，一般先进行多球练习，再进行单球训练。训练时，需要注意两个动作的节奏和发力方式是否相匹配。当回过来的球节奏不同、轻重不同时，击球的节奏和发力方式要进行相应调整：当回过来的球既快且顶，就要快速跟进，转腰收小臂，借力发力；当回过来的球较慢，出现小半高时，就要调节节奏，将节奏放慢半拍，提高重心，主动发力，向前迎击球。

多球训练计划：

两点结合训练（一人）；

三点结合训练（一人）；

两点结合训练（两人）；

三点结合训练（两人）。

拉下旋球后的衔接

六、挑球、打高球、快带球、打上旋球及追身球

训练三五个月后，可以逐步增加挑球和打高球的练习。这两项技术的训练不需要单独拿出很长时间，可以作为孩子在日常训练期间的一项调整措施，也就是偶尔加一盆多球训练即可。

1. 挑　球

挑球能锻炼孩子的盯球意识，能锻炼孩子前后移动的步法，能锻炼孩子运用手指和手腕的能力，能加快正手技术的掌握速度。如果孩子身材比较高挑，可以早一些学习挑球。如果孩子身材比较矮小，可以稍微晚一些进行挑球训练。

挑球应该从挑下旋球开始。挑球时，要先把球拍立起来，拍面甚至可以稍稍后仰一些，可以把球拍向外稍稍展开一些。击球时，球拍往前迎球，撞球后往上做包球、摩擦的动作，这样能更好地提高挑球上台的质量。当球下旋非常转时，可以向上托一下。

在教孩子挑球时，要从准备姿势开始，垫步斜插上前，让孩子重心尽量上前，拍子立起来往前迎，手指和手腕向前上方做包球、摩擦球的动作。这里要向孩子说明四点：一是挑球时要把拍子立起来，以便容易包球做弧线；二是拍子和球之间要预留足够的距离，以有足够的空间造弧线；三是挑球时要做到“三到”，即头、手、脚都尽量进到球台中；四是每完成一个挑球动作必须垫步还原回去。

挑球必须有质量。在比赛时，台内挑球就是搏杀，要突然，要有爆发力，最好能直接得分，否则不如推直线、劈长或摆短。

多球训练计划：

定点挑球；

不定点挑球。

挑　球

2. 打高球

打高球是一门乒乓球必备技术。会打高球，说明孩子会跑位、会找点、能发力。

从击球点来分，打高球有两种方法：一是等乒乓球大概下落到眼眉的高度再进行扣杀；二是等乒乓球下落到身体右前方再把球拉过去。

第一种是传统方法，对孩子来说有三大难点：一是孩子个头较小，不容易够到球；二是乒乓球虽然到了眼眉的高度，但是已经略高于球网，孩子难以向下扣杀，即使位置合适，更多的也是向下拍球，这都容易造成整个胳膊的僵硬；三是这种打高球的技术与之前所训练的正手技术脱节，不容易掌握。因此，在启蒙训练时可采用第二种方法训练打高球。

第二种打高球的方法实际上还是在拉上旋球，即把高球视作普通的上旋球，只是弧线更高、更长而已。当遇到高球后，全身呈准备姿势，上松下紧，脚底下用小碎步不停地垫起来，眼盯着球，人随着球动，调整到来球的左前方，也就是尽可能确保击球点在自己的右前方，蹬地转腰向前完成拉球的动作即可。

掌握这种方法后，让孩子自己掌握打高球的时机，等球落下来，在自己可控范围之内进行击打。随着能力的提高，随着身高的增长，孩子打高球的水平会越来越高，击球点也会逐步往上移，自然而然将会扣杀高球。

多球训练计划：
打高球。

打高球

3. 快带球

熟练掌握正手攻球技术，熟练包球后，可以要求孩子快收包球，也就是快速收小臂包球。快收包球的重点是小臂快收，不发力，将击球点逐步从下降前期过渡到高点期再到上升期。

练习时，让孩子先在下降期快收包球，再练习在下降前期的快收包球，逐步过渡到高点期再快收包球。当可以在上升期快收包球时，就是快带球。

快带球是建立在快收包球基础上的技术。快带球动作幅度小，发力小，用力方向朝前，引拍稍高一些，盖住球，快收小臂，击球上升期。需要注意的是：引拍在身体侧前方，不拉手，运用躯干力量主动往前迎球，快收小臂以借来球的力量，手指和手腕集中发力摩擦球。

进行快带球训练时，教练派发多球一般不要在球台上颠一下再发球，而是采用直接击球派发到底线的方法。

多球训练计划：

快带球；

两点快带球。

快带球

4. 打上旋球

打上旋球实际是打半高球。

训练或比赛中经常会出现半高球。当出现半高球时，一看好像是机会，心一喜，就着急着用力去击球，但往往都会把球打飞。这是因为半高球的节奏变慢了，弧线变高了，但是打半高球用的还是之前的击球方式。打半高球时必须调整重心，调整节奏，调整拍形和发力方向。

训练打半高球需要经历两个阶段：

第一阶段，单独用一小段时间教孩子打半高球，每次时间不要太长，但尽量坚持每天都训练。这时派发的多球在落台上跳的高度要稍高一些，让孩子稍停一下再往前打。随着孩子打半高球熟练程度的提高，让他在完成引拍时制动一下再往前打。当孩子能比较熟练地打半高球后，让孩子右腿蹬地转胯，以整个身体发力，击球后左脚先落地支撑，右脚随后落地，收住核心力量，垫步后左脚再蹬地，让整个身体呈打半高球前的准备姿势，即可以连续打半高球。

第二阶段，当打半高球非常熟练后，不再单独拿出时间练习打半高球，而是在日常的多球训练中随机夹杂一个半高球，让训练更接近实战。这样更有利于培养孩子的盯球意识、移动意识、调整意识、连续意识等。

多球训练计划：

打上旋球。

打上旋球

5. 打追身球

追身球不是中路球、中间球、中线球，而是一个动态的球，指的是盯着人打，打到对手持拍手腋下的位置的球。

接追身球时需要并步后撤，原地侧身，利用调整重心的过程来带动身体移动，往后转，迎前拉。接追身球可以与接发球的训练配合起来：从接发球站位开始，将正手位、追身球回击过去。

接发球时，可以把正手侧身抢拉反手位的球理解成大一码的回击追身球。这时不能平着移动侧身，不能往前靠近球台，必须先垫步，然后并步后撤，带动身体向后转，侧身后完成击球前的准备姿势，先制动，再迎前拉。这样，即使来球短，也可以再主动调整步法迎前击球。

多球训练计划：

打追身球；

打追身球 + 正手攻球；

打追身球 + 正手位攻球。

打追身球

乒乓球启蒙阶段的正手技术基本上是如上所述内容。握拍有横板和直板之别，但训练方法基本一致。一般来说，都是按照“定点—两点—三点—四点，挑球 + 攻球”等计划进行训练。训练计划可以自由组合，最关键的是对训练有目标、有要求。

第四章

反手技术

“得正手者得天下”“反手得势，正手得分”，无一不彰显出正手技术的重要性。相对于正手技术，反手技术以前多被视为过渡技术。反手技术的训练一直处于相对弱化的位置，但其重要性被忽视了。

申蓬华老师谈起某位爱徒时曾颇有遗憾：其时，为她确立了女子技术男性化的方向，设立了针对性的计划和要求，突出正手技术的训练和强化，并取得了优异成绩，但是对她的训练过多强调正手，反手相对不强，使她在比赛中常因为反手位受制约而导致正手也得不到充分发挥，从而影响整个比赛。她的反手技术动作其实也很好，但如果给予足够重视，加上配套训练，达到正反手基本平衡，在此基础上再加大正手进攻力度，才是更合理的设计，因为女子毕竟受身体制约，不能等同于男子。

原国家队功勋教练吴敬平老师说过，鉴于乒乓球改为大球和材质的变化以及乒乓球技术的发展，必须特别注重反手技术的训练，提高反手技术水平和得分能力，并建议少儿启蒙可以从反手技术开始训练。由此可见，必须重新审视反手技术的训练，无论是在思想上还是在日常训练中，都要将反手技术训练提到一个非常高的高度。反手技术必须做到全面、厚实，要能攻、能防、能得分。

在教反手技术前，先让孩子左手握拳，放在身前正中位置，右手成掌，用手背轻轻撞击左拳，体会反手撞击的感觉，再用手背撞击左拳后蹭过拳头顶部，体会反手包球的感觉，由此体会反手摩擦。

反手技术在启蒙训练时也要从击球下降期开始。与正手技术相比，反手技术非常简单，这主要是由人体生理结构决定的。反手技术应该在身前击球，以肘为轴，球拍由下往上、由内向外旋击球。

反手击球时，手的位置从下往上、由内向外旋非常容易。如果启蒙伊始让孩子把球拍放在球台上，把胳膊架着，击球上升期，则只能借力向前推球，不但回球没有弧线，而且整个上肢特别僵硬，以后练习拉弧圈球时，很难把大臂放下来，影响后续技术动作的训练和提高。因此，反手启蒙训练要一开始就让孩子把球拍放低，让孩子慢慢依着本能打上球，再慢慢调整动作。

一、反手攻球

与正手攻球相比，反手攻球的站位需要稍稍靠后一些。

练习时，球拍要立起来放到身体中线、肚子前面的位置，甚至可以把球拍稍微贴着身体放置。如果孩子个头比较小，可以让他把球拍放到胸前，甚至可以放到下巴前面。球拍可以放在身体正中稍稍偏右的位置，但不能偏左。当来球下落时，向右前方打开小臂，向前迎击球。

在这里，需要特别理解以下事项：

（1）反手攻球的拍形要立起来。这样更易包球，更能吃住球，更易制造弧线。

（2）球拍起始的位置在身体的中间，可以稍稍往右一些，但是一定不能往左。球拍往左会导致击球时夹大臂，影响手指和手腕的运用，进而影响后续技术动作的学习。

（3）肘在反手攻球时的位置和在正手攻球时的位置相差不多，稍微有一些架起来，起到支撑的作用，同时需要大臂放松。

（4）反手攻球时，手腕不要太松，且要与小臂在一条直线上。当向右前方打开小臂时，要用手腕拨球。

（5）反手攻球后，持拍手和球拍要高于肘。

与学习正手攻球一样，初学反手攻球实际上都是在拉球，加之之前已经学习了正手技术，反手攻球的学习将比较简单。训练时，要向孩子强调几点：一是把球拍立起来，放在身体中间，可以贴着肚子；二是等球下降时击球，不要急，不要用力；三是以肘为轴，展开小臂，拍子由下往上、由内往外；四是击球完毕，拍子要比肘高。

反手攻球的最佳击球点在身前。击球点要离身体近一些，以便发力和控制。反手攻球最主要的是找球。反手攻球时要时刻动起来，通过步法的调整将身体调整到球的前面，努力保证在击球时球在自己的正前方。无论是正手攻球还是反手攻球，脚必须时刻动起来，养成“要打球、先动脚”的好习惯。

反手攻球比较顺畅后，可以进行反手两点攻球训练。一般来说，两点攻球有三种表现方式：一是并步两点攻球；二是在特别小的区域内用垫步 + 单步；三是在相持过程中，当对方来球的角度突然打开而且来球比较快时，需要结合跨步回击球。

在反手两点攻球训练过程中，需要逐步调整孩子的技术动作，让孩子慢慢体会以下几个关键点：

（1）握拍：横板握拍时，拍肩要稍稍偏向食指根；直板握拍时，大拇指要稍稍用力扣板，使拍面立起来。

（2）引拍时，大臂和肘关节相对稳定，从准备姿势开始，稍稍一收腹，手自然跟过来，球拍自然位于身体前方。

（3）击球时，以肘为轴，横板打法以大拇指顶板，直板打法以食指发力且稍稍放松大拇指，带动手腕向外旋，从身体正前方向身体右前方 45° 方向由内向外、由下往上打开小臂，把力量从拍头传出来。

（4）击球后，往回收球拍的同时并步移动，落地后球拍收到身前，完成下一板的准备姿势。

熟练掌握反手攻球后，可以进行反手拉球、反手拨球、反手快带、反手打台内半高球训练。

多球训练计划：

反手攻球；

并步两点反手攻球；

并步三点攻球；

单步反手攻球；

跨步反手攻球。

反手攻球

二、反手拉球

1. 反手拉上旋球

反手拉上旋球的技术要求与反手攻球基本一致，往后退一小步即可进行练习。反手拉球时，先收腹，手随之放松，球拍随腹部收到身体前方。击球时左脚蹬地，重心向右腿转，核心力量往前顶，手臂加速外旋，把重心转换的力量、腹部收回来顶出去的力量和手臂外旋加速的力量结合起来，击球后垫步还原。

反手拉球要有节奏变化，要有一般节奏的拉球训练，也要有面对突然比较快、比较长的来球的训练。同时，要引导孩子根据来球的快慢确定自己拉球的动作幅度：如果来球比较快，拉球的动作幅度要小一些，这样才能对上合适的击球点，否则容易被球顶到板边；如果来球比较慢，拉球的动作幅度要大一些，这样才能比较容易发力往前迎球。

反手拉上旋球比较顺畅后，可以进行反手攻球＋反手拉球的组合训练。通过前后步法的跑动，让孩子更好地体会动作和发力：反手攻球离台近，动作幅度小；反手拉球离台远，动作幅度大，身体还要随胯往后撤一些。反手技术动作的幅度主要由胯和重心决定，胯和重心撤得越大，动作幅度越大。

多球训练计划：

反手拉上旋球；

并步两点拉上旋球；

反手攻球＋反手拉球（每个点三板球）。

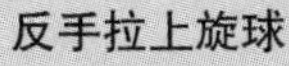

2. 反手拉下旋球

反手拉下旋球的技术动作与拉上旋球相似，主要区别在于拉上旋球时，手腕往后引拍、向前出拍，而拉下旋球时球拍要向下放、手腕往里引一些，要先向上摩擦球再向下压弧线击球，击球点更往下一些，击球时间更晚一些，发力方向要往上多一些，包球的感觉要更充分一些。

反手拉下旋球比较顺畅后，可以进行并步反手拉下旋球的训练。

多球训练计划：

反手拉下旋球；

并步两点拉下旋球；

接反手位下旋球。

反手拉下旋球

3. 反手拉下旋球后的衔接

反手拉下旋球后的衔接有反手拉下旋 + 反手攻球和反手拉下旋 + 正手攻球两种方式。

反手拉下旋 + 反手攻球有两种训练方式：一是拉起来后直接给反手，用相同的节奏直接打上旋；二是拉起来后给球的节奏慢半拍，落点稍偏左一些，让孩子拉完球后先还原，在跨出左腿的同时反手击球。

反手拉下旋 + 正手攻球也有两种训练方式：一是反手拉起来后直接给正手，用相同的节奏直接打上旋；二是拉起来后给球的节奏慢半拍，落点偏右一些，弧线稍高一些，让孩子拉完球后先垫步还原，调整后回击半高球。

多球训练计划：

反手拉下旋球 + 反手攻球（两种节奏）；

反手拉下旋球 + 正手攻球（两种节奏）。

反手拉下旋球后的衔接

三、反手拨球、反手快带及反手打台内半高球

1. 反手拨球

反手拨球的技术动作与反手攻球相似。

反手拨球站位更近，动作更小，以小臂发力为主，引拍要稍高于台面，板形要压一些，触球中上部，击球时间在高点期，大拇指控制拍形和弧线，以往前发力为主。

多球训练计划：

定点反手拨球；

两点反手拨球；

三点反手拨球；

全台不定点反手拨球。

反手拨球

2. 反手快带球

反手快带球的技术动作与反手拨球相比的主要区别在于击球时间更早一些，手腕保持相对固定，球拍前倾并能“盖”住球，向前下方摩擦来球顶部，以借力为主，动作相对较小，击球位置在身前，离身体近一些更容易控制球。

反手快带球一般需要用多球训练或者陪练。

多球训练计划：

反手快带球；

两点反手快带球。

反手快带球

3. 反手打台内半高球

启蒙阶段的孩子在比赛中对出现在左半台的半高球特别容易失误，因此要有反手打台内半高球的练习。

启蒙阶段孩子的个头一般都比较矮，当遇到台内半高球时，首先是不能着急，更不能用力扣杀，而必须调整步法，找准位置，等一下球，当球下落到合适的位置再将球轻轻拨过去。当孩子的个头长起来，孩子的技术能力提高后，慢慢就能体会到打半高球时“甩马鞭”的感觉，从而真正掌握反手扣杀台内半高球的技术。

多球训练计划：

反手打台内半高球。

反手打台内半高球

因为身体结构的原因，反手技术非常简单，只要能调整好步法、保证身前击球就基本上可以，即使面对边线外大角度的来球也不例外。为此，可以采用接发球的方式引导孩子进行反手技术训练：发下旋球时，调整身体拉下旋球；球比较长且出台很多时，退后拉球；球比较快时，不要怕，不要退，借力快带球；球不太快时，主动发力快拨球；遇到半高球时，调整位置、重心、节奏，用反手打半高球。

通过这样的综合练习，重点让孩子体会三点：一是盯板的同时对球进行判断。二是球是“活”的，人也是“活”的；

球往哪走，人往哪走；球不落地，人不松懈。三是根据来球的状态（力量、速度、弧线、落点、旋转）选择击球的方式：来球快，就快击球，要借力发力；来球慢，就慢击球，要主动发力。

第五章

正反手结合技术

正手攻球和反手攻球是一对天生的矛盾体：两者既是乒乓球技术不可或缺的一部分（从传统认知到实战对抗，基本上都是一主攻、一主防，两者互相配合，好比鸟儿的两个翅膀，缺一不可），又是天生不合的（正手攻球时左脚在前右脚在后，发力过程中重心由右腿转换到左腿，动作幅度比较大，击球时间相对比较晚；反手攻球时右脚在前左脚在后，发力过程中重心由左腿转换到右腿，动作幅度比较小，击球时间相对比较早）。正反手转换时需要进行各方面的调整。

当孩子练到一定水平后，应该把正反手技术结合起来训练，而且一定要多练。通过正反手结合技术的训练尤其是正反手不定点训练，让孩子把正确的动作固定下来。

在正反手结合技术训练过程中，对采用横板打法的孩子，除需要调整站位外，最主要的是调整板形。当反手击球时，大臂带动小臂由内往外旋，拍肩偏向于食指根部；当正手击球时，食指顶板带动手腕、小臂由外往内旋，拍肩要向虎口位置稍微调整一些。从正手到反手、从反手到正手的转换过程中需要这样不断进行微调，也就是在正、反手击球时要将板形调整到最舒服的击球位置。很多人都认同“横板易学难精”。横板技术最重要、最微妙的地方就在于正反手转换时板形的微调。这个环节决定了横板正反手转换是否流畅，决定了练习者以后的技术能否达到一个较高的水平。因此，建议拿出尽可能多的时间细扣这项技术。

直板打法在正反手转换环节相对比较简单：拍柄始终抵住食指根部，后面三个指头始终顶住球拍。打正手时，大拇指压板，食指微微松开；打反手时，食指压板，大拇指微微松开。

正反手结合技术训练可以从反手两个、正手两个开始，到反手一个、正手一个，再到反手几个、正手一个或者正手几个、反手一个，最后到正反手不定点攻球。随着水平的提高，逐渐向正手和反手随机结合转化。

为什么从反手两个、正手两个开始呢？在训练中，从正手转反手、反手转正手都需要微调球拍，初学者打“反手两个、正手两个”时，调节球拍后打第一个球时对调节后的球拍往往缺少清晰的认识和感觉，那么可以在打第二个球时进行二次调整，这样就能更好地找到击球时最舒服的感觉。长此以往，就能知道微调球拍到什么位置才是最佳位置。再与“反手一个、正手一个”配合起来，就能细腻而自然地解决微调球拍这个难题。

训练正反手结合技术从反手到正手转换时，派发过去的球弧线要稍高一些，速度要稍慢一些，让孩子有时间把动作做到位，待稍微熟练后再把速度加快一些；从正手位到反手位时，派发球的落点要稍微大一些，逼着孩子快速移动找球。这样做，一是由易到难，二是锻炼孩子盯球、移动步法、身形转换的意识和能力，三是让孩子特别注意反手的训练，培养护住反手、盯正手，随时扑正手、再回反手的意识。

训练正反手结合技术时，要让孩子通过胯的运用把移动和重心调整结合起来，在移动的同时调整好身体重心。接正手位的球，往正手位跑的同时转胯，调整身体往后撤一些，保证球在身体的右前方；接反手位的球，往反手位跑的同时顶跨，调整身体往前迎；正手接追身位、中路、侧身位的球时，需要在跑动的同时转胯带动身体向后转；中远台两面拉球时，需要重心和胯带着手一起收进来。

正反手结合技术训练要有节奏变化地训练。球有快慢的变化，有轻重的变化，也有长短的变化。即使同一落点的球，因为力量轻重不同也会有长短的变化：球轻了，就会短；球重了，就会长。所以，正反手结合技术既要有节奏快慢的训练，又要有力量轻重的训练，还必须有步法的前后训练。同一个节奏的摆速训练难免会造成赛练脱节。

在乒乓球启蒙训练中，无论是单项技术还是结合技术，都必须先把单板球的质量突出出来。当第一板球有了质量后，再进行两板球的训练，以此类推。启蒙训练不能只追求回合数量，而忽视技术动作和击球质量。“一招鲜”和“千招会”

的区别是显而易见的。

正反手结合技术训练可以自由组合，由易到难，循序渐进：两板球的结合（左推右攻，推挡侧身，正反手快带，挑球＋正手攻球，挑球＋反手攻球），三板球的结合（推挡侧身扑正手，并步正手攻球＋反手攻球，并步反手攻球＋正手攻球），四板球的结合[左推右攻（一边两个），推挡侧身＋左推右攻，三点攻球＋反手攻球，并步攻球＋并步拉球（两条线）]，五板球的结合（推侧扑＋左推右攻），左右摆速。

多球训练计划：

左推右攻（一边两个）；

左推右攻；

左推右攻之一轻一重；

左推右攻之发力攻；

左推右攻之两点打一点；

推挡侧身；

正反手拉上旋球；

正反手快带球；

挑球＋正手攻球；

挑球＋反手攻球；

推挡侧身扑正手（并步）；

推挡侧身扑正手（交叉步）；

并步正手两点攻球＋反手攻球；

正反手结合技术

并步反手两点攻球＋正手攻球；
推挡侧身＋左推右攻；
三点扑正手攻球＋反手攻球；
正反手攻球＋正反手拉球（两条线路）；
推侧扑＋左推右攻；
左右摆速（拨反手变一个正手）；
左右摆速（拨正手变一个反手）；
左右摆速（不定点）。

第六章

削球技术

削球技术在台内就是搓球，退出球台就是削球。本书中削球技术特指搓球。搓球是一项过渡性技术，也是一项最基础的技术，是应对下旋球很实用的必备技术。搓球可分为慢搓、快搓、摆短和劈长。

建议不要过早进行搓球教学，原因有三：一是启蒙阶段的孩子个头比较小，当球短时身体很难进到球台中进行搓球；当球长时也不适合搓球，因为必须先养成“出台就上手拉”的意识；二是搓球，尤其是直板搓球主要用手指的力量，而孩子的力量比较小，需要一个适应和成长的过程；三是搓球是一项接发球技术，有矛才有盾，不必着急。

教学搓球时，首先要让孩子感受摩擦，理解摩擦以及怎样制造摩擦。让孩子把左手握成拳，用右手背顶住左拳，先轻轻往前用一点力，再往下切拳头底部，并告诉孩子这是反手搓球时摩擦的感觉；让孩子把左拳伸到身体右前方，用右手掌顶住拳头，再轻一些往前用力，最后往下切拳头的底部，并告诉孩子这是正手搓球时摩擦的感觉。

一、反手搓球

初学反手搓球，一般指的是反手慢搓。这是搓球的入门技术。慢搓的特点是来球比较慢、弧线比较高，要等球降到合适的位置再搓。反手搓球不只是要训练搓球的手法，更重要的是让孩子学会“等”球，等球落到下降期时再搓球。

教孩子反手搓球时，派发多球需要稍微转一些，如果球不转则容易冒高；需要稍微长一些，让球在下落时正好可以与往下切的球拍中上部重叠。

横板反手搓球时，让孩子靠近球台，把球拍置于下巴的位置。如果个子高，可以从胸腹位置出手，但必须让球拍高于来球。引拍时，小臂以肘部为轴，球拍往回、往上收缩。击球时，等球到下降时期，小臂以肘为轴，球拍立一些，从上往下吃住球，当向下接触到球的中部后，拍头再向前、向下送出去。击球后还原。

与横板反手搓球相比，直板反手搓球引拍、击球、还原的动作大致相同，主要区别在于直板反手搓球时手指运用更灵活。具体怎样用手指来搓球呢？引拍时，后面三个指头顶住球拍，食指扣板，大拇指自然地翘着；当球拍中上部接触球时，大拇指扣板，食指松开，拍头自然指向斜下方；击球后还原，准备迎击下一板球。如此循环往复练习。一开始需要不时地提醒两个手指的运用，一段时间后就可不需要再提醒手指头的动作。孩子将会运用手指进行搓球，且这样搓球的质量会大不一样。

教学反手搓球时，需要提醒孩子注意：一是重心进到球台里面，头、手、脚要三到；二是球拍要立起来，更好地吃住球；三是不要着急，要等一下，击球下降期；四是要摩擦球，击球中下部，先往下切再往前送。

反手搓球时，先发长球让孩子搓。当孩子能把比较长的球搓好后，再发短球让孩子上步搓。要求孩子先垫步再上右脚，把身体探进球台里面去搓，搓球后垫步还原。

反手搓球时，一般都是垫步上右脚。当球在反手小三角的位置时，则垫步上左脚。

多球训练计划：

反手搓球；

搓接反手位下旋球；

搓接反手小三角下旋球。

反手搓球

二、正手搓球

当遇到正手位下旋短球时，要用正手搓球的方法进行回接。

正手搓球时，也要以肘部为轴。击球前，先垫步再上右脚，身体尽量进到球台里面，小臂以肘为轴，向后上方引拍；在来球下降期，小臂向左下方迎球，球拍立起来，先从上往下切，再往前送出去，要有切菜时“往下剁”的感觉；击球后垫步还原。

初学搓球时，要先将球搓低、搓长，体会摩擦的感觉。

多球训练计划：

正手搓球；

搓接正手位下旋球。

正手搓球

三、注意事项

（1）搓球时要从上往下切，再往前送，在球的底部多加一些摩擦，并配合手腕的制动。这样搓过去的球的弧线更低、旋转更强。

（2）搓球时大臂使用很少，主要靠小臂、手腕和手指来搓球。手腕要松一些，不能绷住。

（3）搓球时脚下要快，身体要跟上，让身体重心往前。在上步搓球、垫步还原的过程中，脚一定要像弹簧一样有弹性。

（4）当来球弧线比较低、球比较长时要快搓。快搓不是说把球搓得非常快，而是要学会在起跳点搓。

（5）练搓球时可以让孩子变换着来，既要学会慢搓，也要学会快搓。训练时，可以给孩子搓几个稍微快一些的球，然后突然来一个高一些的球，让孩子学会先还原到位，等球下落后再上步搓球。

（6）当孩子具有一定水平后，要让孩子学会根据来球旋转的变化相应进行变化。例如，来球是侧下旋，搓球时可以将拍面倾斜，摩擦球侧下部，以此抵消来球的旋转。

（7）训练单球时，给的落点、旋转一定要稳定。孩子对球的控制能力有限，给的旋转和落点不稳定，搓过来的球往往不是高了就是下网。

（8）当孩子能进行对搓练习后，要求队内比赛时每结束一场球的比赛立即进行搓球练习。这样既可增加孩子搓球的时间和密度，也便于营造比赛紧凑、认真的氛围。

多球训练计划：

正反手搓球。

正反手搓球

第七章

从下旋球开始的结合技术

一、搓拉结合

搓拉结合技术是一种接发球技术。在训练和比赛时，当对方发球较短时，先搓一板来接发球。因搓球较短，对方回搓，然后上手拉起来打相持。这是回接下旋球和侧下旋球的主要方式之一。

训练搓拉结合计划时，搓球和拉球都要有线路变化。练习搓拉结合计划，一般先从多球训练开始，逐步加入单球训练。

训练搓拉结合计划时，派发的下旋球不能太转，因为孩子的力量比较小，制造旋转的能力不强，而且孩子在同等水平的对抗中也制造不出太转的球，因此派发的球要在可接受的范围内。

训练搓拉结合计划时，必须要求孩子高质量地完成每一板球。要让孩子明白第一板搓球是否有质量特别重要，要让孩子知道退出去拉这板球是否有质量以及是否可以还原的重要性，养成认真对待每一板球的习惯，杜绝随意球。

训练搓拉结合计划时，必须着重强调训练中要用垫步进行还原和衔接。以“反手搓一板、正手拉一板”为例：反手搓球时，以准备姿势启动，垫步上前，反手搓球后垫步还原，当看到发正手位下旋球时，再并步拉球，拉球完毕后再垫步还原。经过这样的训练后，比赛时就能根据来球灵活应对。让垫步贯穿始终，实际上体现的是训练实战化的理念，避免反手搓球后直接到正手位拉球的“表演式”训练，杜绝“训练很好，比赛却打不出来”的训练和比赛脱节的现象。

当孩子达到一定水平后，训练搓拉结合计划时不要让孩子固定在一个点进行搓球或者拉球，教练派发的球应该有一些突然性。例如，在反手搓球时突然给个正手，让孩子时时刻刻盯球、调整。当孩子的水平有进一步提高后，更不能把计划练死，不能机械地进行搓拉训练。教练可以偶尔拉几次，把计划当成比赛来打，调动孩子的积极性，让孩子学习怎样在近台防球，既学会攻球，又学会防球。

多球训练计划：

反手搓球＋正手拉球（正手位）；

反手搓球＋正手拉球（追身位）；

反手搓球＋正手拉球（侧身位）；

反手搓球＋反手拉球；

正手搓球＋正手拉球（正手位）；

正手搓球＋正手拉球（追身位）；

搓拉结合

正手搓球 + 正手拉球（侧身位）；
正手搓球 + 反手拉球。

二、搓防结合和挑防结合

1. 搓防结合

搓防结合技术是接发球的一种方式。当对方发台内下旋球或侧下旋球时，用搓球的方式接发球，因搓球过长，对方将球拉起来，再用快带的方式回接来球。

多球训练计划：
反手搓 + 正手带；
反手搓 + 反手带；
正手搓 + 正手带；
正手搓 + 反手带。

搓防结合

2. 挑防结合

挑防结合技术也是接发球的一种方式。当对方发台内下旋球、侧下旋球或侧上旋球的弧线比较高时，用挑球的方式接发球，对方回击过来，再用快带的方式回接来球。

多球训练计划：
正手挑 + 反手带；
正手挑 + 正手带。

挑防结合

3. 注意事项

无论是搓防结合的训练还是挑防结合的训练，都需要从多球训练开始。随着孩子水平的提高，再逐步加入单球训练，并可与接发球抢攻结合起来。

注意事项：

（1）训练时，教练派发多球要慢一些，当孩子步法到位后再发下一个球，让孩子有足够的时间上步、做动作。

（2）训练时，除派发多球的速度要慢一些外，训练进度也要慢一些。

（3）训练时，每一板球都要有垫步的参与：先垫步再上步，击球后垫步还原；垫步启动，移动回接球，垫步再还原；每一板球的步法必须到位。

（4）训练时，让孩子体会蹬地转胯压重心，体会用身体压住拍子去防守，因为这样的防守更稳定。

（5）训练时，让孩子注意防守时的调整，当来球比较快时要借力发力，来球冒高或比较慢时要调整重心和节奏并主动向前发力。

以上计划都是两板球的结合训练，是后续训练的根基，一定要将这些技术动作练细、练精。

第八章

发球与接发球、发球抢攻与接发球抢攻

一、发　球

发球是乒乓球技术中最重要的一项技术，是比赛得分的主要手段之一，在比赛中发挥着巨大作用。只要发球好，在比赛中单靠发球就可以赢过一半的对手。而且发球好，往往接发球也会好。因此，必须重视发球训练。发球训练越早越好，越精越好。

湖南永州赵颖老师将一节课的训练时间分为四部分：1/4 练习发球，1/4 练习多球，1/4 练习单球，1/4 练习打内部比赛。赵颖老师对发球这一环节的重视值得借鉴和学习。

按照速度、落点的变化，发球分为长球和短球。发长球要求低、快、顶，击球点在肚子前面（要稍微低一些），第一落点在自己底线偏白线的位置；发短球要求低、短、转，击球点在胸前（要稍微高一些），第一落点在球台中间。

在启蒙阶段训练发球时，一般从发长球开始。启蒙阶段的比赛一般也是从发长球开始。长球的优势是快、长，让对方反应不过来。但随着孩子水平的提高，发长球在比赛中的优势会逐渐减弱。因为长球很容易被对方起板，在比赛中谁先起板谁的优势就大。当然，不管达到什么水平，依然可以发长球“偷”一个，如趁对方不注意“偷”一个直线或斜线。但要求这个球必须要快，点要大。

发球教学一般有两种教法：一种是先要求上台，再要求质量，即“先稳后凶”；另一种是为了更好地体会用力，一开始就要求质量，即“先凶后稳”。

按照旋转变化，发球分为转球和不转球。发球的教学顺序一般是先学习平击发球，掌握发球的基本方法；再练习发奔球，能够在击球时加上摩擦；最后学习发旋球。应根据个人情况选择发球方法。当然，这个顺序需要根据具体情况区别对待，不能统一要求。

启蒙阶段的发球教学一般从发快球开始，可以按照由易到难的顺序进行分解：

（1）在本方端线附近画一个圆，不抛球，直接把球往这个圆里拍，基本上可以把球发到对方球台上。当孩子熟练后，再反复体会板形和用力方向，逐步把球发得又快又长。

（2）进行抛球练习，逐步过渡到抛球发球。

（3）往两个大角发球。

（4）双人配合，一方发斜线大角，另一方接发球。

（5）进行简单的一发一接比赛。

（6）当对方可以比较熟练地接到发球后，要求发球方把球回击过去，由此形成回合。可把发球与正手攻球的训练结合起来。

（7）照此方法练习反手接快球。

练习发球时，可以将硬币或者奖卡等摆在球台两侧大角、小三角等战术位置，让孩子发球撞击，直接换取奖卡等。当孩子水平提高后，可以记录积分的方式予以相应的奖励。

当孩子能发好快球后，可以尝试下旋和侧旋发球。这时可以让学长进行示范，也可以让孩子观摩视频，鼓励孩子敢于尝试、大胆练习。在发球时慢慢加上假动作，当所发的球对手看不出旋转时，也就具备了非常高的质量。

建议每一位启蒙训练的孩子都要练习下蹲砍式发球，一是因为启蒙阶段的孩子往往个子矮，其身高更适合下蹲砍式发球；二是因为下蹲砍式发球对发球抢攻的能力、接发球积极上手的能力，以及相持能力都有很大的锻炼价值。

发球必须经过长年累月的练习和积累。教练要引导孩子逐步理解发球的环节：抛球，手掌尽量伸直，将球放在掌心，抛球时要垂直向上，尽量保证抛球稳定性；引拍，抛球的同时向后转胯，带动小臂向后引拍，以此积蓄力量；击球，胯部从后向前转动带动身体，小臂以肘为轴、加速迎前，球拍撞击后做摩擦动作；还原，完成击球动作后垫步还原。教练要让孩子充分体会发球的发力部位是小臂、手腕、手指和重心，还要让孩子逐步掌握2 ~ 3套发球技术，逐步完善发球方法，提高发球质量。

西安冯永明老师教发球的方法值得借鉴：

（1）教孩子发球时，先学发长球，以长球开路，端线对端线。为保证发球的第一落点在本方端线上，在离端线 20 厘米处放一条湿毛巾，强迫第一落点在己方端线上，将球发长。

（2）学习发下旋球时，孩子先不上台，在球馆任何一块空地让孩子先学摩擦，即摩擦球的底部并把球发出去。当球能转动回到自己脚下时，证明摩擦已经练得很好。这时再上台发球，就将会发下旋球。

训练计划：

发快球；

下蹲砍式发球。

发　球

二、接发球

接发球是乒乓球技战术中一个非常重要的环节。在乒乓球比赛中，接发球与发球同样重要。如果接不好对方的发球，除会直接失分外，还会制约自己的技战术发挥，造成心理压力，让自己处于被动。发球和接发球互为矛盾。接发球的训练与发球训练息息相关，所以当孩子能发球时，就可以同时进行接发球训练。

接发球站位一般是右脚外侧贴在中线的延长线上，可以左脚在前、右脚在后，这样更有利于正手抢攻。但这样站位时两脚不能分开太大，否则正手没有空间转过来。两脚也可以平行站立。平行站立是为了更好地进行正反手转换，让反手可以更好地发力。当然，这样的站位不利于侧身抢攻。如果侧身抢攻的意识强，则需要往左半台中间的位置移一些。

接发球训练可以分成三个环节：盯球，进行预判；启动，移动找球；做动作，完成击球（由稳到狠或由狠到稳）：

（1）盯球和预判。盯对方球拍的拍头，拍头往哪个方向送，大概率就会发往那个方向发球。学会盯对方球拍的拍形，根据拍形判断球的旋转（上旋、下旋、侧旋、勾手）。如果拍形是平的，说明是转的球，应该搓或者拉：如果拍形是立着的，说明是上旋球或快球，应该上手击打。

（2）启动。即在对方抛球时要盯住球，脚步要垫起来，同时身体要动起来，要活跃起来。无论是训练还是比赛，一定要盯住对方的拍和球，随时准备启动。启动前，前脚掌着地，脚后跟微微抬起，犹如似有似无的感觉，整个人的重心放在前脚掌上。

（3）击球。训练孩子接发球时，先从接快球开始，并可以与定点攻球的训练结合起来。接发球时，先跑步法，再做动作。让孩子在接发球的位置准备好，然后发球到他的正手位，让他并步找球，调整位置，蹬转击球。一开始，要求必须先上步，不能伸手击球；再要求在上步的同时调整位置，完成引拍；击球时要把动作做完整，要追求击球的质量，由稳到狠。

接发球注意事项：

（1）接发球主要训练孩子的意识、判断和反应能力。如果孩子比赛时缺乏主动意识，接发球一味用正手或反手，那么这种情况就需要多练接发球。教练训练孩子接发球时，旋转可以小一些，但落点要分散，先从上旋和下旋开始练，再慢慢加上侧旋、逆旋等。派发球时，一定要先让孩子看清楚来球的旋转，教练派发球的动作可以大一些，以便于孩子清楚地判断。后续随着孩子水平的提高再发隐蔽的球。

（2）无论是正手还是反手接台内短球，都要做到“三到”（头、手、脚）：头进到球台，这样整个上身就可进来，容易靠近球，容易控制手上的距离，让手与球之间有足够的引拍和击球的距离；身体进到球台，这样会让上肢自然弯曲一些，也能比较放松一些，才能更好地发力，才能更好地用上全身的力量；处理台内球时，手臂不能直，否则容易僵硬，同时脚要撑住地，尽量蹬转，尽量让身体向前发力。

（3）接发球要加强拉正手位出台球的训练。让孩子从准备姿势开始，并步拉球，垫步还原。要培养孩子抢拉出台球的能力。当孩子可以熟练地拉出台球时，可偶尔派发正手位下旋短球。孩子已经习惯跑到拉出台球的位置后，当遇到短球时，要让孩子进行二次调整，垫步向前搓球。要训练孩子在接发球和比赛时先准备接长球、再进行二次调整来接短球的能力。因为从接长球调整到接短球，整个人是由后往前的，移动和调整的难度远远低于由前向后。

反手拉下旋球也可以这样配合起来训练。

（4）加强追身球的接发训练。接追身球是侧身位抢拉的基础。孩子个头小，侧身位抢拉后的衔接很难跟得上。如果只为了练习侧身位抢拉而强行练习侧身位抢拉，则会造成训练和比赛的脱节。实际上应多练习抢拉追身球，等孩子个子长高后、能力提高后，自然就会侧身位抢拉。

三、发球抢攻

发球抢攻战术是以旋转、线路、落点和速度不同的发球增加对方回击的难度，使其出现机会球，或降低回球质量，获得抢先进攻的机会，以争取主动或直接得分。发球抢攻是各种打法中争取主动、先发制人的重要战术，也是乒乓球比赛中最重要的得分手段。发球抢攻使用积极、得分率高，可有效限制对方接发球的方法和变化，还会增加对方接球的失误。在关键分时使用发球抢攻战术往往会给对手带来更大的威胁。因此，孩子要多练习发球抢攻，培养积极上手、善于抢攻、敢于搏杀的意识和能力。

发球抢攻分为发球和抢攻两部分。发球后，要用垫步还原，在还原过程中判断对方接发球的出手，这样才能第一时间找准点，才能打出来发球抢攻。例如，对正手侧身位发球，发球后前面的脚要踩住，把身体重心落到脚上，再顺势往前垫步到接发球位置，呈准备姿势，并判断对方接发球的出手。要杜绝两个问题：一是不能发完了站着不动；二是发球要用重心，不能为了垫步而垫步。

抢攻是根据来球的变化采用不同方式抢先进攻，以获得主动或者直接得分。

发球抢攻可以细分成固定的线路，反复训练，形成套路。在启蒙训练阶段，一般根据孩子的能力和水平将发球抢攻分为发快球抢攻、下蹲砍式发球抢攻和发下旋（侧下旋）球抢攻。

（一）发快球抢攻

（1）发正手位，扑正手抢攻，打正手位。

（2）发正手位，扑正手抢攻，打反手位。

（3）发反手位，扑正手抢攻，打反手位。

（4）发反手位，扑正手抢攻，打正手位。

（5）发正手位，用反手抢攻，打正手位。

（6）发正手位，用反手抢攻，打反手位。

（7）发反手位，用反手抢攻，打正手位。

（8）发反手位，用反手抢攻，打反手位。

（二）下蹲砍式发球抢攻

1. 发反手小三角短球的抢攻

（1）发反手短球，正手位拉斜线，到正手位用正手打。

（2）发反手短球，正手位拉直线，到正手位用正手打。

（3）发反手短球，正手位拉斜线，到反手位用反手打。

（4）发反手短球，正手位拉直线，到反手位用反手打。

（5）发反手短球，拉追身球，拉正手位，扑正手打。

（6）发反手短球，拉追身球，拉反手位，扑正手打。

（7）发反手短球，拉追身球，拉正手位，到反手位用反手打。

（8）发反手短球，拉追身球，拉反手位，到反手位用反手打。

（9）发反手短球，到反手位拉斜线，扑正手打。

（10）发反手短球，到反手位拉直线，扑正手打。

（11）发反手短球，到反手位拉斜线，用反手打。

（12）发反手短球，到反手位拉直线，用反手打。

2. 发正手短球的抢攻

与发反手短球抢攻相同，也可以分为 12 条线路。

3. 发长球主动进入相持的计划

（1）发正手位长球，正手打。

（2）发正手位长球，反手打。

（3）发反手位长球，正手打。

（4）发反手位长球，反手打。

（三）发下旋球抢攻

（1）侧身位发反手短球的抢攻。

（2）侧身位发正手短球的抢攻。

（3）发长球主动进入相持的计划。

发下旋球抢攻的线路与下蹲砍式发球抢攻相同

（四）训练发球抢攻的注意事项

（1）发球抢攻的训练可以在很早时就进行，既可以激发训练积极性，又可以模拟比赛，提高比赛能力。

（2）发球抢攻的训练一般先进行发快球抢攻。先用多球进行模拟训练，待孩子水平提高后再配合单球进行训练。

（3）发快球抢攻时，当发正手位后，需要向右垫步还原，准备扑正手击球；当发反手位后，需要稍稍向反手位垫步还原，护反手，盯正手。

（4）练习发球抢攻需要提高发球质量，为进攻创造条件，还要把发球和抢攻套路配套起来，既要抢先上手进攻、抢先进攻发力，又不能盲目上手，避免勉强上手、勉强发力而造成不必要的失误。

（5）启蒙阶段的孩子发球还不精准，发快球抢攻时的落点以两个大角为主，但仍然会有许多球落在中间位置附近，所以不需要单独再安排发追身球抢攻的计划。

（6）训练发球抢攻是一个由简到繁、再由繁到简的过程。以发反手小三角短球抢攻为例：第一，先练第一板的发球，只有一条线；然后练第二板的抢攻球，就会有正手位、追身位和反手位的三条线；再练第三板的相持球，进一步有正反手击球、直线和斜线的区分，合计 12 条线路。第二，要先把所有的点练准，把所有的线路练到，当能力提高后，对所有来球的变化都了然于胸，抢攻就变简单了。

（7）训练发球抢攻一般先要求一条线路抢攻获胜多少个，再逐步过渡到发反手位抢攻多少个、发正手位抢攻多少个，或者用正手抢攻多少个、用反手抢攻多少个，或者发短球抢攻多少个、发长球抢攻多少个。

四、接发球抢攻

接发球抢攻战术是一种与发球抢攻抗衡的战术，其主要目的是破坏对手的发球抢攻，争取在接发球轮中形成相持或主动的局面。在比赛中，接发球的处理会直接影响整个战局的主动性和心理的稳定性。因此，接发球要有积极主动的思想，尽量控制对手的发球抢攻。

接发球抢攻一般有两种方式：一是直接上手抢攻的方式，一般用于接快球的抢攻、侧上旋的抢攻、侧下旋和下旋出台球的抢攻；二是先控制一板，在限制住对方发球抢攻的基础上，为自己下一板球的进攻制造机会。

在进行接发球抢攻训练时，发球者一般不打发球抢攻，个别机会球除外。

训练接发球抢攻时，先把抢攻套路细分成若干固定的线路，通过多球训练让孩子反复练习，形成固定套路，后续再根据孩子的水平以及教练配备情况逐步加入单球训练，形成完整的接发球抢攻套路。

（一）接快球的抢攻

（1）接正手位发球，扑正手（一板球）。

（2）接正手位发球，扑正手，打斜线；球回正手位，正手连续击球（两板球）。

（3）接正手位发球，扑正手，打斜线；球回反手位，反手击球（两板球）。

（4）接反手位发球，反手击球（一板球）。

（5）接反手位发球，反手击球，打斜线；球回反手位，反手击球（两板球）。

（6）接反手位发球，反手击球，打斜线；球回正手位，扑正手击球（两板球）。

（7）接追身位发球，侧身正手击球（一板球）。

（8）接追身位发球，侧身正手击球，球回正手位，扑正手击球（两板球）。

（9）接追身位发球，侧身正手击球，球回反手位，反手击球。（两板球）。

（10）在此基础上细分三板球的接发球抢攻。

训练要求：

先集中练习计划（1），引导孩子盯球、启动、跑动到正手位击球，然后还原。为防止孩子不盯球、提前往正手位跑动，在练习计划（1）时要适时适量加入计划（4）的训练。当接发球抢攻两个大角的跑动都比较熟练后，要求孩子在同一个点可以打出两条线，然后可以加入计划（7）的练习。

当正手位、反手位、追身位都能比较好地接发球后，可以进行计划（2）和计划（5）的训练。在此基础上加入计划（3）和计划（6）的训练。当正反手位接发球比较熟练后，加入计划（8）和计划（9）的训练。要求在练好两板球的接发球抢攻后要增加落点和线路的变化。

接发球抢攻必须追求每一板球的质量，必须先将第一板球的质量突出来，再训练第二板球。当两板球的接发球比较熟练后，再进行三板球或多板球的训练。

接发球抢攻需要教练控制好发球节奏、角度、力量、速度，调动孩子在移动中有质量地击球，要求孩子在整个接发球过程中始终盯球（判断）、调整、击球、还原，球不落地决不松懈。

（二）接侧上旋、侧下旋、下旋长球的抢攻

对于侧上旋、侧下旋、下旋长球，采用直接上手抢攻的方式：

（1）接正手位的侧上旋台内短球，正手挑斜线。

（2）接正手位的侧上旋台内短球，正手挑直线。

（3）接反手位的侧上旋台内短球，反手拨斜线。

（4）接反手位的侧上旋台内短球，反手拨直线。

（5）接正手位出台的侧上、侧下旋球和下旋球，正手拉斜线。

（6）接正手位出台的侧上、侧下旋球和下旋球，正手拉直线。

（7）接反手位出台的侧上、侧下旋球和下旋球，反手拉斜线。

（8）接反手位出台的侧上、侧下旋球和下旋球，反手拉直线。

（9）接追身位出台的侧上、侧下旋球和下旋球，正手拉正手位。

（10）接追身位出台的侧上、侧下旋球和下旋球，正手拉反手位。

训练要求：

接侧上旋、侧下旋、下旋长球的抢攻

（1）对于接台内短球，在之前的挑球环节已经反复训练过，务必让孩子盯好球、上步击球有质量，以及还原后衔接要顺畅。

（2）接发球抢攻，首先把抢拉出台球练好。一是养成先上手的意识；二是熟练掌握抢拉出台球，这有利于后续训练和比赛中出现意外球时的二次调整更顺畅。

（3）接发球抢攻在拉直线时击球要稍晚一些，拉斜线时击球要稍早一些。这个环节需要单独训练线路的变化，让孩子学会在调整线路时微调手法、步法、身体重心及发力方向。

（三）接侧下旋和下旋短球的抢攻

对于侧下旋和下旋短球的抢攻，需要先控制一板球，再上手抢攻或反拉。

（1）接正手位短球，正手搓短（摆短），正手拉斜线。

（2）接正手位短球，正手搓短（摆短），正手拉直线。

（3）接正手位短球，正手搓短（摆短），反手拉斜线。

（4）接正手位短球，正手搓短（摆短），反手拉斜线。

（5）接反手位短球，反手搓短（摆短），正手拉斜线。

（6）接反手位短球，反手搓短（摆短），正手拉直线。

（7）接反手位短球，反手搓短（摆短），反手拉斜线。

（8）接反手位短球，反手搓短（摆短），反手拉直线。

（9）接正手位短球，正手劈长，正手反拉斜线。

（10）接正手位短球，正手劈长，正手反拉直线。

（11）接正手位短球，正手劈长，反手反拉斜线。

（12）接正手位短球，正手劈长，反手反拉斜线。

（13）接反手位短球，正手劈长，正手反拉斜线。

（14）接反手位短球，正手劈长，正手反拉直线。

（15）接反手位短球，正手劈长，反手反拉斜线。

（16）接反手位短球，正手劈长，反手反拉直线。

训练要求：

（1）相对而言，先控制一板球的接发球抢攻有一定的难度，因为既要能够盯球、判断，上步击球，又要能够还原、启动，衔接好下一板的击球。必须训练孩子做好精准的判断、迅速的移动、到位的还原和流畅的衔接。

（2）训练先控制一板球的接发球抢攻时，对于第一板球（摆短或者劈长）的控制必须有质量。当对方发球出台时，接发球方一定要积极调整，积极抢拉。

（3）训练先控制一板球的接发球抢攻时，需要先用多球进行模拟训练，当孩子具备一定能力后再逐步加入单球训练。

往简单里说，乒乓球就是一发一接而已。影视剧中，两大高手往往经过许多回合交手，直到最后一刻才各自施展出最强绝招，一击定输赢。这样的现象在启蒙阶段乒乓球比赛中基本不存在，更多的像是刺客，一击致命才是王道。

启蒙训练必须充分重视发球抢攻和接发球抢攻。既要重点训练发球抢攻（第一板、第三板），掌握发球的旋转变化、落点变化、套路，以及发完球后的跟进，也要重点训练接发球抢攻（第二板、第四板），学会判断来球的旋转，盯住来球的落点，且接发球后还能预判对手的回击，知道自己怎样衔接下一板。

绝招就是把简单练到极致。把发球抢攻和接发球抢攻的训练练到极致，在实战中遇到各种情况都将能从容应对。

第九章

比　赛

乒乓球是一项竞技运动。乒乓球运动最大的魅力在于有比赛，有输赢。动作好，技术好，都是为了赢得比赛。这与科学技术要转化成生产力才最有价值一样。通过比赛，可以整合技术训练，可以提高竞技意识，可以激发孩子与家长的好胜心和积极性，可以检验教与学的质量。因此，比赛必须贯穿启蒙训练的整个过程。

根据旋转变化，一般将乒乓球比赛分为快攻比赛和旋球比赛；根据比赛范围，分为内部比赛和公开赛；根据举办的时间，分为周赛、月赛和年度比赛；根据比赛形式，分为循环赛、淘汰赛、升降级赛和擂台赛；根据特定要求，分为单项技术比赛、发球抢攻比赛、接发球抢攻比赛、让分比赛和关键球比赛等；根据比赛性质，分为锦标赛、大中小学生比赛、传统的少儿“八大杯”比赛、邀请赛和交流赛等。

比赛中，对于孩子来说，可以把学到的技能应用于比赛，通过比赛发现不足之处，回头再加强技术训练，提高竞技能力；

对于家长来说，可以检验俱乐部、教练的能力和水平，看到孩子的成绩与进步，坚定家长的信心；对于教练来说，可以展示自己的执教水平，提高孩子的竞技水平，检验家长对教练、对训练的支持程度，检验家长对待成绩的态度。因此，启蒙训练应尽量做到天天有小比赛，月月有大比赛，多参加市、省、全国比赛。

启蒙阶段的比赛一般先从快攻比赛开始，有一定基础后再进行旋球比赛。对孩子参加比赛一般有两种理解：一是孩子从一开始就已学习发球，所以要尽早尽快参加比赛；二是等孩子正反手技术学习得差不多，会搓球、拉球后，再让孩子参加比赛。笔者认为，最好让孩子尽早尽快地参加比赛，而且要尽可能多地参加比赛。实践证明：早比赛，才会打比赛；多比赛，才能打好比赛。俗话说：狭路相逢勇者胜，狭路相逢智者胜。而这些“勇”和“智”，只能通过大量比赛的积累才可以获得。

训练要求：

（1）比赛时多鼓励孩子。在比赛期间，教练应尽量在旁边看着，不以输赢论英雄，进行正面的引导和鼓励，激发孩子参与比赛的积极性。当孩子比分落后或连续输球出现焦躁情绪时，要及时安抚，让孩子调整好心态。

（2）学习规则，渗透意识。在平时比赛中应严格规则，如发球时要抛球，击球过程中手不能扶球台等，避免在正式比赛中出现不必要的失误。当孩子对比分、规则有争议或发生争执时，要及时讲解规则。

另外，教孩子比赛不只是教给他们规则，也要教给他们礼仪，如打完比赛要握手等，还要教导孩子尊重对手，认真对待每一场比赛。

（3）做好赛风培养。教孩子在比赛赢球时喊起来，活跃起来，为自己呐喊助威；教孩子在输球时慢慢调整，平复心态，在发球时思考一下球发哪里、怎么发，而不能拿到球就发，不能一输球就急躁，或者输球、赢球都毫不在乎。

乒乓球是对抗性非常强的运动，无论输球、赢球都要保持平稳的心态。在比赛中，鼓励孩子大胆做，把学的技术打出来，还要敢于在比赛关键分中大胆搏杀，做错了或输了不可怕，怕的是不敢做。

（4）做好比赛指导。一是技术指导。例如，发球时要求发球的孩子向对手报分；发球时要注意抛球及抛球的高度，不能一直发一种球和一个落点；等等。二是战术指导。例如，教孩子发球时要会“骗”：故意让对手看到发下旋的拍形，但抛球后在触球的瞬间迅速变换成奔球，让对手猝不及防；或者摆出一个要发斜线的样子，突然变线发直线；教孩子比赛时“小个打两边，大个打中间”，以及其他战术指导。

（5）引导以赛促练。例如，当孩子比赛时，要在旁边时刻提醒他们动作要求。因为只有动作做正确了，孩子进步的空间才会更大。如果动作不正确，当然也可以让孩子参加比赛，但在比赛打得不好时，要提醒他们是因为动作不对而打不好球，从而激发孩子学习的积极性。例如，要观察孩子比赛时正反手的使用情况，如果偏重使用反手，很可能是正手技术练得不够，缺乏自信，这就要引导和训练孩子的正手技术以及正反手的转换。

（6）做好家长的引导和教育工作。经常可以看到这样的场景：无论什么比赛，只要有家长在现场，就是一场精彩绝伦的赛事。有的家长喋喋不休，有的家长指手画脚，有的家长高亢激昂……教练既要理解家长的心情，也要在心态、规则、意识等方面引导和教育家长认识比赛，理性地、积极地参与比赛，让家长成为教练的好帮手。

比赛是试金石。要避免出现平时训练练得好，一旦到了比赛场上全都是问题的情况。训练需要通过比赛检验结果，也需要通过比赛发现问题，再回到训练中解决这些问题。当问题解决了，孩子的能力也就提高了。

第三篇

乒乓球启蒙阶段的教学方法

- 多球训练
- 单球训练
- 循环教学法

第十章

多球训练

一、多球训练的概念

多球训练是乒乓球启蒙训练的主要方法和手段。多球训练中，一般是由教练在一旁派发多球，让孩子学习或巩固某一技战术。多球训练能增加单位时间内的练习密度和强度，加快学习和掌握技术动作的进程，提高技术动作的熟练程度，对建立动力定型、纠正错误动作、提高步法和手感、提高技战术水平等都有显著成效。

二、多球训练的分类

多球训练一般可以分为三大类：一是自发自练；二是机器人或发球机派发多球；三是人与人之间的多球训练，即由教练或队员派发多球，这种形式在训练中最常见。根据训练需要，人与人之间的多球训练可以分为单人发球和双人发球。

单人发球，是练习者在没有对手的情况下单方面连续击球的训练方式。每一次击球都由教练或队员派发多球，这种连续击球可以是几十个，也可以是上百个。练习者击球的方法由训练的目的而定，可以是单项技术，也可以是结合技术。这是多球训练中一种最主要的方式。

双人发球，一般由第三者发球，双方按照技术或战术的要求进行训练。例如，教练在球台旁发下旋球给A，A拉弧圈球，B进行攻打弧圈球的练习。这种练习的对抗性很强，主要用于实战技术的练习和综合线路及战术的训练，一般在已经有技术基础且水平相当的队员之间进行。

多球训练中还有多球单练的形式，即练习者在球台旁边放置一盆多球，进行单球训练，击球失误后不必捡球，可以直接取球继续练习。

三、多球训练的层次

多球训练可以分为四个层次，即根据教练上手训练和掌握熟练程度分为四个阶段：

第一阶段，手上无球，即初学阶段。手上没有感觉，派发多球时眼睛一直盯着球，把球发出去后还需要继续盯着球，需要确定球发得怎么样。整个人战战兢兢，如履薄冰。

第二阶段，手上有球，即提高阶段。派发多球时慢慢有了感觉，派发多球的节奏、速度、落点能够比较准确，同时已经可以把眼睛稍稍“解放”一下。但这个阶段只局限于派发多球，还不能兼顾孩子的技术教学。

第三阶段，眼中有球，即进阶阶段。多球训练时能比较熟练地派发多球，同时可以关注到孩子的技术训练，能够完成日常训练，但对孩子的训练还缺少及时且有针对性的指导和调整。

第四阶段，心中有球，即终极阶段。多球训练时可以随心所欲地派发多球，能够兼顾全场训练，能够兼顾不同孩子的训练，能够根据每个孩子的技术给予及时、准确的指导和调整。

多球训练的各个阶段没有明晰的界定。多球训练水平的提高主要依靠平时的积累和对乒乓球技术教学的理解。要提高多球训练水平，必须加强派发多球的训练。没有千万次的派发，很难达到多球训练的高水平。

四、多球训练的常识

一般来说，启蒙阶段的学习与训练都需要通过多球训练来完成。作为一名基层教练，必须会派发多球，必须具备高超的多球训练水平。准和稳是多球训练的基本要求。训练实战化是多球训练的终极目标。多球训练和单球训练的状态越接近越好，否则多球和单球、训练和实战就会脱节。

1. 派发多球的方法和站位

根据派发多球使用的工具，派发多球的方法可以分为两种：一是用球拍派发多球；二是用手直接抛球。

根据派发多球时乒乓球落台的方式，派发多球的方法分为两种：一是把球在球台上颠一下再发；二是直接击球，将球直接派发过去。

教练派发多球的站位有三种：一是站在孩子右前方，用球拍派发多球或直接用手把球抛在端线附近；二是靠近球网站立，球在台上颠一下或直接用球拍击球，将球隔网派发给孩子；三是站在球台端线外，球在台上颠一下或直接用球拍击球，将球隔网派发给孩子。

有人认为，应根据孩子的水平确定教练派发多球的站位：孩子初学时，教练站在孩子右前方派发多球；孩子具有一定水平后，教练靠近球网派发多球；孩子水平较高后，教练站在端线外派发多球。虽然我们平时看到高水平的教练带队员几乎都是站在端线外派发多球，但是这种见解还有待商榷。

有的教练站在靠近孩子球台的一侧，直接将球抛到端线附近，让孩子举着球拍直接击球。有人认为，这样与孩子的距离更近，同孩子的交流更融洽。笔者以为，这种派发多球的方法不太符合学习乒乓球的规律：让孩子举着球拍摆在那里，直接往前打球，固然更容易打上球，但这背离了乒乓球判断、调整、击球、还原的基本环节，往往只有击球，却没有判断、调整和还原。这样打球孩子本身也没有感觉，而且击球时全身不动，只有胳膊打球，更容易往前推球，还会养成击球先拉手的习惯。

启蒙训练时，建议靠近球网站立，采用颠一下再派发球的方法。这样派发多球，教练更容易把握节奏；这样派发的球弧线比较长，可让孩子有比较充足的盯球、判断和调整的时间；这样派发的球更接近一般球的弧度，便于后续的衔接。有时也可根据孩子和训练计划的具体情况，采用直接派发多球的方式。

2. 如何发多球

派发多球时，手腕务必柔和。在启蒙正手攻球时，拍面稍微仰一下，大臂放松，小臂往上方托一些，同时再往前送一下，让球的弧线高一些。以后随着孩子水平的提高和训练计划的要求，再调整派发球时撞击或者摩擦的力量。

派发多球时需要左右手互相配合，左手取球、递交球，右手持拍击球，两者有机配合起来。连续是基本要求，不能左手有多少球就发多少球，手里一旦没球了就出现停顿。左手把球递交完后必须能立即拿到球、随即把球递交给右手，保证把球顺畅且连续地派发出去。这样形成一个不停顿的派发多球的过程。

3. 如何站立

派发多球时需要两脚开立，右脚在前，左脚在后，左脚落后右脚半个脚掌，身体与边线的夹角小于30°（具体角度以及身体与球台之间的距离因人而异），重心落于两腿中间。派发多球时重心的高低因人而异：个子矮，两腿开立小一些；个子高，两腿开立大一些。

特别提示

为了身体健康，派发多球时切忌弯腰和低头。

4. 多球盆的选用和放置

多球盆有可移动多球盆，但使用更多的是一般的塑料盆，盆不要太深，盆壁要有倾斜，最好使用颜色相同、款式一样的一大一小两个盆。这样可以根据不同情况灵活切换使用。例如，初学的孩子用小一些的球盆，盛球少一些，轮换快一些，注意力更容易保持一些；水平高一些的孩子可以用大一些的球盆，盛球多一些，可以增加训练的密度和强度。

一般情况下，给一个孩子或一组孩子发一盆球。

对于多球盆的放置，可以把多球盆放在多球架上，也可以把多球盆放在球台上。一般都是根据个人的习惯，将多球盆放在身体侧面的多球架或者球台上。

5. 怎样把握派发多球的节奏

派发多球的节奏（球的快慢轻重）要根据孩子的具体情况和训练内容进行调整。当学习新技术或战术时，派发多球要符合孩子的能力。例如，孩子还原慢，发球的节奏就慢一些。否则，他这一个动作还没做完，下一个球又过来了，导致他必须抢着打这个球，而一抢，肌肉紧张，动作就变形了。当巩固和强化技术或战术时，派发多球要高于孩子的能力，要发出比实际速度、节奏都快的球。有时候还要在训练中突然给一个快或慢的球，让孩子在快慢的变化中寻找节奏。

6. 怎样进行步法训练

步法是乒乓球的生命。步法的移动和调节会影响当下这板球的质量以及后续每一板球的质量和连续性。在训练和比赛中击打的每一个球，都需要用脚步将身体调整到最佳的击球位置。多球是训练和提高步法能力最有效的途径。

步法移动的意识和能力要从小渗透、慢慢堆积：孩子在最初练球时，先不要求他移动，只要能打上球就好；当能把球打上台时，必须让孩子练习两点攻球；先让孩子练习并步攻球，一定要让孩子先上步再击球，无论打多球还是练单球，一定先把脚动起来；由定点到两点、三点，再到不定点，由单项技术到结合技术，整个人必须像弹簧一样有弹性，必须能时刻动起来。

练习时应由易到难、由简到繁，由单一的步法练习过渡到综合的步法练习。还可以让两个孩子在训练中比赛步法，看谁跑动更到位，变着花样让他们练，不间断地连续跑动，加上有针对性的指导，并与手法紧密结合，以最大程度地提高整体水平。

五、多球训练的标准

怎样才算是好的多球训练，或者说派发多球达到什么样才是好的？第一是“准”，第二是“稳”，这是多球训练的基本要求。其中，以“准”最为重要。“准”是眼光、是境界、是格局，“稳”则是完成训练的保证。“稳”可以通过量的积累逐步掌握。简言之，多球训练一定要与单球训练有高度的相似性，否则多球训练和单球训练就是脱节的。

在不同阶段对标准有不同的定义和要求，即符合孩子的能力、符合训练计划的要求。那么，怎么做才算是标准呢?

（1）启蒙初始阶段，给孩子派发多球先以慢为主。给有基础的孩子派发多球，即使发得不太稳，孩子也能自己找球，但是零基础的孩子不会，更需要精准。

启蒙初始阶段主要是让动作定型。发多球的要求是：球下落时，弧线的高度和球的长短、速度适中，能够正好落到球拍的中上部。这时孩子轻收小臂就可以简单地打到球，不需要使劲，只要求让他放松，轻轻地打，慢慢地打。

派发多球时要让球出台，弧线要高一些，让孩子有时间反应，能够舒服而自然地包球和收小臂。球不能发得太顶，否则动作还没做完，球已经打出去了。发过去的球也不能太短，太短会导致用胳膊够球，造成动作变形。

（2）启蒙正手攻球时，为避免孩子引拍时向后转身过大，可以让他找一个参照的目标：往后转时幅度小一些，正对右侧球网柱；转身击球后，身体正对着斜线大角。这是指导的“准”。训练三点攻球时，派发多球的点位也不是固定的，首先一定要发出台，其次长度、弧线、速度都需要根据孩子的水平和能力调整。在给孩子派发多球时，不仅要反反复复地说教，还要比画动作，做示范，让孩子有参考。

（3）教学搓球和拉球时一般用正手派发多球。发球动作与正手搓球的动作一样，拍形一定要像搓球那样立一下，不要放平，否则发球接触面积不大，发过去的球不转。启蒙拉下旋球时，发的下旋不要太转，稍微带转即可，让孩子能感觉有一点下坠就好。因为孩子的力量小，制造旋转的能力有限，要随着他们年龄和技术水平的增长慢慢增加旋转。等到学习搓球时，再多加一些摩擦。

给孩子派发多球时，不仅教练自己发球要有质量，还要时刻注意孩子的动作，细心观察孩子每一个动作的对错，不断思考球为什么没有上台、为什么会下网等。要根据观察结果分析原因，找到方法，及时纠正错误。

（4）多球训练需要因材施教，不能所有孩子是同一个落点、速度和节奏。例如，一个孩子打一盆球，一开始速度可以快一些，等到后面体力跟不上时，再把速度放慢，直到把一盆球打完。对一些技术动作熟练的孩子，练习一开始可以慢一些，到后面则需要加快速度。

派发多球要跟着孩子的节奏走，耐心等孩子到达位置再派发球。在训练不定点攻球和左右摆速时，让孩子先动脚，先找球，不急于击球，而要慢慢地等球，并根据孩子的水平调整多球的力量、弧线、速度、落点等。

多球训练时，所有人可以使用同一个训练计划，但不能所有人一个标准。教练必须密切关注每个孩了的情况，根据孩子的能力和训练状态进行调整。而且教练不能只关注在打球的孩子，还要时刻关注其他孩子是否在认真做徒手练习，是否在认真捡球，是否有跟别人追逐打闹等。

六、多球训练实战化

训练实战化是多球训练的终极目标。训练实战化包括两方面意思：一是多球训练实际化，指的是在训练中派发多球要符合孩子的实际情况，即球的速度、力量、旋转、弧度和长短等都必须符合孩子的能力和水平，符合孩子学习的规律，能做到因人而异，因材施教；二是训练实战化，让训练源于比赛、难于比赛、高于比赛，也可以理解为“死球活练”。

《一切为打赢》（战斗精神队列歌曲）的歌词这样写道：“仗要怎么打呀，兵就怎么练”“一切为打赢，一切看战果”。对乒乓球来说，这就是多球实战化的问题。这可从两方面理解：一是比赛打什么，平时就练什么；二是多球训练要模拟实战，更要超越实战。实战化的要求必须贯穿多球训练的始终。

训练实战化示例一：简单的训练实战化

（1）在启蒙初始阶段，当孩子刚可以打正手攻球时，发球到正手位，让孩子从准备姿势启动，并步到正手位击球（只打一板球），还原。

（2）当孩子比较熟练，或者会习惯性往正手位跑动时，发球到孩子的追身位，让孩子并步侧身击球（只打一板球），还原。

（3）当孩子可以打三点攻球时，让孩子从准备姿势启动：从左到右打时，先侧身攻球；从右到左打时，先并步到正手位击球。

这样训练，实际是把单纯的正手技术训练与接发球训练结合起来，多方面培养孩子的意识和能力。

训练实战化示例二：规律性训练结合无规律性训练

（1）当每盆球剩下一两个球时，可变化一下节奏，如发一个半高球或高球，要求孩子盯住球、移动、击球，以养成孩子的盯球意识、移动意识、调节意识、还原意识等。

（2）单独有一盆球时，隔几个球变一下节奏（高、低、快、慢），让孩子适应猝不及防的意外球。

（3）练习单项技术和结合技术时，添加一些意外球。

这样训练，既可让孩子在规律性的训练中掌握技术，提高水平，又可结合无规律性的训练来模拟实战，培养孩子的实战意识。

训练实战化示例三：高度重视当下那板球

（1）在多球训练时，要竭尽全力把当下的这一板打好，打出质量，再考虑打下一板的问题。

（2）当能把两板球的结合技术练好时，再进行三板球的结合训练。

例如，练习推侧扑时，要求孩子打好每一板球，尤其是在孩子侧身时要重点强调：一是侧出去，让开位置；二是击球有质量。因为实战时，无论侧身不充分还是击球没质量，都已经丢分了，都不会有第三板球了。

又如，训练正手挑球 + 反手快带的结合技术，要特别强调上步挑球的质量，在高质量挑球后再强调步法的回撤和快带球。

再如，有人会在比赛前根据赛程表算一算自己会是小组第几，看看能否出线，出线后和谁比，继而再和谁比，最后和谁对决，大概是什么成绩。实际上，这种预期的情况一般不会在比赛中实现，大多会半道翻车。

训练实战化示例四：训练要求要水涨船高

（1）当孩子具备一定能力后，必须要求孩子在击球时有线路的变化。正手位攻球要有直线和斜线的变化，反手位攻球、搓球也是这样。

（2）当孩子具备一定能力后，必须要求孩子在击球时有轻重的变化。这个变化要从有规律到无规律。

（3）当孩子具备一定能力后，必须要求孩子在击球时有节奏的变化。既知道你快我也快，会借力发力，也知道你慢我也慢，能主动发力。

（4）当孩子具备一定能力后，必须要求孩子在击球时有方法的变化。例如，在接正手位短球时，要能搓、能挑、能推。

通过多球训练时对孩子这些要求的变化，一是培养孩子的手感和调节能力，二是培养孩子的变化意识，让孩子在比赛中主动变化，调动对手，占得先机。

训练实战化示例五：比赛打什么，多球就练什么

（1）比赛时经常遇到接正手位发球，准备好出台就拉，但当步法已经到位，也已经做好拉球前的准备时，突然发现球是短的，必须进行二次调整，上步去搓或挑。类似这样的训练，必须通过多球进行模拟和强化。

（2）反手拉球也有类似情况，也需要如此强化训练。

（3）比赛时，偏中路一些的球最容易接，所以相持时要打追身球或大角度球，即所谓的"小个打两边，大个打中间"。这样的训练也需要通过多球进行模拟和强化。

有的孩子在比赛时会有超水平发挥，对平时没练到的球也能比较好地处理，但更多的孩子不具备这样的能力，因此必须在平时训练中用多球模拟比赛，还必须让多球训练难于比赛、高于比赛。

七、多球训练需要遵循的规律

1. 由慢到快

多球训练要注意掌握好派发球的速度，由慢到快，循序渐进，要根据孩子的水平和身体条件安排训练进度。衡量的标准是技术动作是否达到预想的要求。因此，快与慢应当建立在完成技术动作的质量的基础上。在初学阶段，首先要慢，给孩子派发球，无论速度还是节奏都要慢，以便他们体会动作，掌握技术动作。这时的慢是为了以后可以更快。

在多球训练中还应当注意速度与节奏的调整。在一堂训练课中，不能以一种速度或节奏来安排训练，以避免练习者形成单一的击球速度与节奏。例如，在摆速练习时穿插一些速度和节奏不同的练习（如意外球）等。

2. 由易到难

多球训练应从最基本的单项技术动作开始，结合技术则是在单项技术的基础上进行的。没有单项技术作基础，结合技术就是无本之木、无源之水。从单项技术到结合技术，体现了从易到难的训练规律。

有了结合技术，就有了战术训练的基础，从结合技术到战术训练又形成了新一轮由易到难的轮回。

3. 由量到质

对质的要求，在不同训练阶段有不同标准。在初学阶段，质的概念是建立合理的技术动作。技术动作形成后，质的含义则指向比赛。要建立正确的技术动作，除动作的基本结构要合理外，还要在实践中反复练习，把初学时生硬的技术练得十分熟练，达到轻松自如的境界。这种反复练习，就是量的积累。

对技术动作要精益求精，这主要是针对质。“三从一大”训练原则中，“三从”（从难、从严、从实战出发）主要是对质的要求，而“一大”（大运动量训练）则指的是量。量的积累是质的基础。量的控制应当与孩子的身体素质和技术水平相适应。

八、多球训练的局限性

多球训练在强度和密度方面一般都比单球训练大，在乒乓球训练中发挥着巨大的作用。但多球训练也存在一些局限性：多球训练不能代替单球训练，多球训练缺乏实战的感觉和反馈，多球训练对教练的依赖程度非常大，等等。

要客观认识多球训练，发挥多球训练的长处，与单球训练有机结合，扬长避短，争取达到良好的训练效果。

第十一章

单球训练

单球训练是一名教练与一名孩子，或两名孩子用一个球来回练习的训练方式。单球训练是多球训练的一种进阶和配合。单球训练和多球训练在乒乓球训练中处于同等重要的地位。

从多球训练到单球训练的转换和衔接是一个系统的、有序的过程。有些孩子在多球训练中表现得非常出色，而到单球训练时却表现得差强人意。这可能有几个原因：一是从多球训练到单球训练本身就有一定难度；二是单球训练和多球训练可能是脱节的；三是多球训练可能过多，囿于多球训练的模式而衔接不起来。

如何顺畅地从多球训练转换到单球训练呢？最重要的是多球训练时的弧线、力量、节奏要符合乒乓球的实际（单球）状态，单球训练时的弧线、力量、节奏要贴近乒乓球的多球训练状态。

单球训练时通常有计板数（开始时计板数，随着水平和要求的提高，计多少个球一组、打多少组）、计时、小比赛的训练方式，为的是通过目标要求进一步强化孩子能力的提升。

单球训练是一个先要求上台，到有回合、有数量，再到有质量，最后进行战术套路的训练过程，是从慢到快、从量变到质变的过程。单球训练一般分为教练带孩子的单球训练和队友之间的单球训练两种模式。

一、教练带孩子的单球训练

单球训练是启蒙教练必须熟练掌握的技能。每个孩子要学会站立和行走，必须由大人创造一个耳濡目染的环境，言传身教，给予指导和鼓励，关键时刻必须扶一把、送一程。同样的，在每个孩子的乒乓之路上，教练带孩子的单球训练必不可少。

教练带孩子进行单球训练，首先是为了让孩子的动作定型，教孩子盯球，教孩子跑步法，教孩子调整位置，教孩子转腰收小臂。让孩子慢慢打，把动作做好，再慢慢地要求数量和质量。

带初学的孩子练习单球时，一开始先练定点正手攻球，等稍微熟练后可以练两点攻球。这时给的两个点的距离不要太大，让他稍微跑动起来就可以，熟练后再逐步扩大两点跑动的范围。当再熟练一些后，可以练三点攻球。此时要求三个点全部控制在两个角和中线上，要求三个点全部跑到位，而且侧身时必须让开足够的空间来击球。最后，根据实际情况进行反手攻球、左右结合之类的训练。

带孩子训练正反手结合技术时，首先要把球速降下来，先带孩子练数量，慢慢再加上一些速度。先有数量后，再考虑质量问题。还需要注意正反手的衔接以及步法的移动，要注意孩子有没有先动脚，有没有蹬转，有没有顶胯，是否向前发力，是否能配合手腕合上力，以让正反手衔接更快、更有质量。

带初学乒乓球的孩子训练单球往往比带水平较高的人更难。会打球的人发力、控制比较稳定，带单球只需要控制好落点、节奏即可。初学的孩子动作不固定，力量小，控制能力差，打过来的球比较飘且不准确。因此，需要比较精准地控制球，还需要时刻注意孩子的动作是否完整、是否正确等，需要不断提醒孩子做动作。

乒乓球的五要素是弧线、速度、力量、旋转和落点，教练要据此调整单球训练：

（1）要把握好带单球的力量。带球时不发力，要借力挡过去，让球下落时正好落到球拍的位置。如果对方打球的力大，教练防的力也大，回的球就会又快又顶，很难把回合练起来，而且孩子容易借力打球，难以包球，导致胳膊僵硬，形成错误动作。

（2）要把握好带单球的弧线。单球训练的弧线要接近多球训练的状态，要根据孩子的水平调整好弧线。这样，孩子见到球时不着急，能比较轻松地完成动作。

（3）要把握好带单球的节奏。单球训练要符合孩子打球的节奏：当来球速度快一些时，挡过去的球就要变得慢一些；当来球速度慢一些时，挡过去的球就要变得快一些。必须找到每个孩子的击球节奏。只有把节奏打出来，才能打出数量和质量。

（4）要把握好带单球的落点。每个孩子的身高、臂长、技术动作等各不相同，给每个孩子的落点也要因人而异。

衡量教练带单球的标准有两个：一是是否可以让孩子非常舒服地打上球；二是是否比较稳定。

二、队友之间的单球训练

队友之间的单球训练简称“对练”。当孩子练到一定基础时，不能一直让教练带着训练。如果一直练，孩子在与其他队友训练或比赛时会跟不上节奏。因为教练带的球和孩子打的球是不同的，教练一般都尽量给出比较舒服的球让孩子打更多回合，而队友的球是不稳定的，每个孩子的力量、速度、旋转、落点和弧线也都不一样。因此，教练带孩子的单球训练中必须结合队友之间的对练，这样进步才会更大。这个进步是在孩子之间的对练中慢慢摸索出来的，是替代不了的，是只能靠时间堆积出来的。

对练时，一般从正手对攻开始。孩子最初可能总是打不稳，东一个西一个。对此，教练和家长都不要着急。教练在旁边要提醒孩子把落点打好，把动作做完整。有时候孩子很容易分心，需要采取一些小措施进行奖励或惩罚，让孩子有目标，集中注意力。

对练时，教练应尽量在旁边看着。当孩子的动作出现错误时及时提醒和纠正，提醒孩子打得轻一些、慢一些，先把回合打起来，还要时刻提醒孩子在对打过程中把动作做到位。刚开始对练时，对孩子的要求可少一些，因为刚开始对练时还不习惯，动作也不一定标准，故先要求上台，再慢慢要求技术动作。

对练时，动作不对不要紧。一般情况下，教练每天都需要先带孩子打多球或带单球，再让孩子之间进行对练，最后还要进行多球训练。这样既可尽可能保证孩子的技术动作不变形，也可保证正常的训练进度。孩子在刚开始对练时可能会动作变形，这时不要着急，先不要管。如果这时抓着动作不放，那么孩子对练的难度将会加倍，会感到无聊疲惫，降低训练的积极性。

对练时，主要是练动作和回合。尽量要求孩子把动作做完整、做到位，尽量要求孩子多打回合。例如，对练打对角线时，只要把动作做完整，把球拍收到位，球就会很自然地打向对角；如果动作只做到一半，球就不稳定，会到处跑。因此，要提醒孩子一定把动作做完整。

对练时，要求孩子盯球，还要盯对方的拍形。例如，让水平高一些的孩子定点拉球，让防球的人突然发一下力。突然发力的目的是让拉球的人能盯住对方的球拍，让防球的人也能突然发力。发力后，再慢下来。通过快慢的转换，让孩子把节奏掌握好。

对练时，要逐步培养孩子攻防转换的能力和意识。对于攻防转换，专业队需要练，启蒙训练也需要练，只是启蒙训练的孩子能力还不够，可适当降低训练要求。在训练中先易后难，先攻或防一板，再转换一板，一点点地练，再到两板、三板的转换。既要练动作、技术，也要练意识。

对练时，要多接触不同的对手。每个人的打球风格和技术特点都不一样，要尽量多变换地对练对手。同时，教练要时刻关注孩子的训练态度，要注意观察哪两个孩子在一起训练认真、有效果，并将他们安排在一个组。

对练时，可以让水平差不多的孩子在一起对练，但不是一味地安排水平高的一起打、水平低的一起打，而是需要每天变换不同的队友进行对练，或者说可以循环对练。国家青年队教练赵畅在训练时，将所有队员组织在一起对练，自己站在一号位置，队员以他为中心进行轮换，每十分钟一换，换计划的同时也换对手。这样训练，既可保证孩子之间对练对手的调整，又可保证每个孩子都可以同教练单练。这种方式值得借鉴。

对练既要相互配合，又要相互对抗，要掌握好度。既要相互配合达到完成训练计划的基本要求，也需要以一定的对抗和回合来提高水平。不能为了有回合而凑合，也不能相互之间把球给得特别舒服，以免远离了实战。对练要在有一定配合的基础上尽可能地进行对抗，且与实战越接近越好。对练中应互相牵制，互相给对方制造困难，在争斗的过程中提高回合数量，从而提高训练质量。

多球训练和单球训练是乒乓球训练的一体两翼。多球训练可提高单位时间内训练的密度和强度，学习技术，掌握战术，形成技能；单球训练可把多球训练的收获转化为实战能力，提升水平，同时在单球训练中发现问题和不足，再通过多球训练进行针对性训练和提高。多球训练和单球训练互为表里，缺一不可，是一种相互促进、循环往复的良性循环。

第十二章

循环教学法

循环教学法是乒乓球启蒙训练的主要方法之一，是把孩子编排分组，把不同训练内容按照一定顺序进行训练的方法。

循环教学是乒乓球大课训练的主要模式。重点是让每个孩子在每个时间段都有事做，让每个孩子都有平等的学习和训练时间。为提升训练效率，一对三、一对四的教学也可以采用循环教学法。

循环教学实际上是解决一节训练课（大课）如何组织和训练的问题。循环教学需要先进行分组。分组有两种方法：一是根据球台数量进行分组。无论有多少孩子，都按照球台的数量进行分组。这种分组方法在学校比较普遍，或者适用于其他球台数量有限而练球孩子较多的地方。二是根据孩子数量进行分组，以两人或三人为一组。一般来说，如果以两人为一组，则训练人数 = 球台数量 ×2+2；如果以三人为一组，则训练人数 = 球台数量 ×3+3。

例如，有四张乒乓球台，安排大课的人数以 10 人为最好。

两人为一组，按照1～5编号，1组在一号球台打多球，2组捡球，3～5组分别在二号、三号、四号球台进行相应练习。一盆多球打完后，2组上一号球台打多球，3组捡球，4组上二号球台，5组上三号球台，1组上四号球台。每打完一盆多球，依次轮换。

如果有12人，可以增加一组做徒手练习；如果有14人，可以增加一组进行托球和颠球练习；如果有15人，可以分为五个组，每组三人。如果有助理教练，可以安排到四号球台。其他情况根据实际需要进行微调即可。

启蒙训练的循环教学以教练为中心，让所有孩子围绕教练转动循环起来。教练始终都在发多球，主导训练，同时让每个孩子都有事做，都能积极行动起来。

下面以10名零基础的孩子初学乒乓球正手攻球为例，介绍具体方法：

1. 分　组

10名孩子，两人一组，共分为5组，按照1～5编号；球台按照一至四编号。

2. 训　练

1）初始阶段

1组在一号球台打多球，学习正手攻球。

2组两个孩子捡球，或者一个孩子捡球，另一个孩子做托球、颠球、徒手练习等。一盆球后交换。

3～5组分别在二号至四号球台，一个孩子发球，另一个孩子捡球。一盆球后交换。

两盆多球打完后，2组上一号球台打多球，3组捡球，4组上二号球台，5组上三号球台，1组上四号球台。每打完两盆多球，依次轮换，由此形成循环。

这个阶段的孩子刚刚接触乒乓球，孩子（包括家长）对乒乓球还缺少足够的认知。对于孩子，这个阶段的训练最重要的是立规矩和养习惯，要通过较长时间的引导和教育让孩子了解场地和设施，了解安全隐患和防范，了解训练的分组和轮换，了解乒乓球相关知识，让孩子逐步养成注意力集中的习惯等。对于家长，教练要欢迎家长走近训练、参与训练。一是让家长通过训练看到自己孩子的身体素质、意志品质和日常表现；二是让家长理解乒乓球，理解教练，吸收部分家长成为孩子训练的好帮手。

2）提高阶段

1组在一号球台进行多球训练。

2组两个孩子捡球，或者一个孩子捡球，另一个孩子做托球、颠球、徒手练习等。一盆球后交换。

3 ~ 5组分别在二号至四号球台，一个孩子站在正手位发斜线球，另一个孩子从准备姿势开始启动接发球。一盆球后交换。在这个阶段，发球和接发球一般只能是一板球。

两盆球后，各球台轮换。

3）进阶阶段

1组在一号球台进行多球训练。

2组两个孩子捡球，或者一个孩子捡球，另一个孩子做托球、颠球、徒手练习等。一盆球后交换。

3 ~ 5 组分别在二号至四号球台，一个孩子站在正手位发斜线球，另一个孩子从准备姿势开始启动接发球，形成回合。一盆球后交换。

这个阶段，接发球方可以接好发球，且要求发球方积极回击，接发球方尽力回击下一板球，形成简单的回合。

两盆球后，各球台轮换。

4）高级阶段

1 组在一号球台进行多球训练。

2 组两个孩子捡球，或者一个孩子捡球，另一个孩子做托球、颠球、徒手练习等。一盆球后交换。

3 ~ 5 组分别在二号至四号球台，可以从一发一接开始，完成简单的对攻训练计划，如正手对攻，5 个一组，打十组。

两盆球后，各球台轮换。

这是大课模式的循环教学法，目的是容纳足够多的孩子参与训练，形成良好的训练氛围。在此过程中，教练一直在不停派发多球，主导整个训练过程，尽可能兼顾每个孩子，而其他球台的孩子安排不同的训练内容，让孩子时时刻刻动起来，尽可能提高训练水平。

循环教学法同样适用于反手及其他技术的训练。

循环教学法是大课训练的不二法门。笔者 2017 年 4 月 13 日招收了三四十名幼儿园中班的孩子，开始启蒙训练。经过两个月的筛选（筛选主要针对的是家长，不是看孩子身体条件如何），留下16名孩子跟随训练，并一直采用循环教学法。除2017年暑假期间由两名助教协助训练一两个月外，其余时间都是自己独自带着训练。最终这批孩子中，王新睿入选黑龙江省队，赵怡婷入选山东鲁能俱乐部，姬海洋是两次山东省锦标赛团体第一名的主力队员，姬海洋、杨宸是2021年青岛市市运会团体第一名的主力队员，姬海洋、杨宸、赵怡婷、李依璇代表学校连续三年获得区小学生乒乓球比赛男女团体第一、单打第一。

第四篇

乒乓球启蒙训练的其他重要内容

- 体能训练
- 训练计划
- 管理沟通

第十三章

体能训练

随着乒乓球材质的改变和技术的迭代发展，乒乓球训练对运动员体能的要求越来越高。体能训练在乒乓球训练中的重要性也越来越大。因为只有具备良好的体能，才能更好地完成技术训练，才能减少运动伤病，才能达到比较高的水平，才能延长运动寿命。在启蒙阶段，教练不仅要把球教好，还要让孩子从小练习体能，完成身体体能的储备。因此，乒乓球启蒙阶段的训练必须每天都加上体能练习。

身体训练方法分为一般身体训练和专项身体训练。一般身体训练包括多种。其中，提高速度素质的训练有原地高抬腿跑、加速跑、折回跑、接力跑、双摇或高抬腿跳绳；提高灵敏素质的训练有变换方向跑、变向滑步、蛇形穿梭跑、花样跳绳；提高力量素质的训练有俯卧撑、哑铃操、投实心球、仰卧起坐、提踵、单足跳、双足跳；提高耐力素质的训练有长跑、越野跑、变速跑、跳绳、往返跑；提高柔韧素质的训练有体前屈、体侧屈、身后屈、侧压。

乒乓球专项身体训练包括速度素质训练、力量素质训练、耐力素质训练、灵敏素质训练和柔韧素质训练。

乒乓球速度素质训练分为加快反应速度的训练、加快动作速度的训练和加快位移速度的训练。加快反应速度的训练可练习步法启动训练、根据口令做动作、对墙击球等；加快动作速度的训练可练习20秒推侧扑或其他技术的徒手练习等;加快位移速度的训练可练习左右并步移动、交叉步移动、侧滑步接力、并步摸球台大角。

乒乓球力量素质训练包含上肢力量的训练、躯干力量的训练和下肢力量的训练。上肢力量的训练,可以进行引体向上、俯卧撑、重物提起、持哑铃做动作等练习；躯干力量的训练，可以进行仰卧起坐接转体、仰卧屈体摸脚尖、平板撑等练习；下肢力量的训练，可以进行跨步跳、快速提踵、急停反向、横向弹跳等练习。

耐力素质训练，可以进行变速跑、计时多球连续扣杀、计时多球推侧扑等练习。灵敏素质训练，可以进行原地颠球、颠高低球、下蹲颠球、转体颠球、体侧颠球、十字跳、托球或颠球快跑等练习。柔软素质训练，可以进行坐位体前屈等练习。

启蒙训练时可以稍偏重以下运动项目:

（1）跳绳。跳绳不仅可以训练孩子的弹跳力、反应速度，还可以训练孩子的体能，而且对场地要求不高。

（2）四脚爬，即双手双脚着地快速向前爬。这对协调性、手臂支撑和手指手腕都有很大的锻炼价值。

（3）掷飞盘。可以锻炼手臂力量，这对反手技术有很大的促进作用。

（4）向前投掷乒乓球后快速追球。这可以很好地锻炼全身协调发力和短距离奔跑能力。

（5）看教练手势方向跑和在移动中回接不同方位抛球的练习。这可以很好地锻炼反应能力。

乒乓球的体能训练非常重要，应是一种润物细无声式的熏陶，应能春风化雨般地影响孩子，应是水滴石穿式的积累和改变。对于体能训练，需要持之以恒地进行，需要把握训练的强度和密度，需要通过小竞赛之类的活动不断激发孩子参与的积极性。

孩子进行体能训练时，要特别注意不能过早对孩子进行强柔韧训练，不要过度对脊椎和腰部做外力挤压，不要做过高难度系数的训练。教练一定要密切关注孩子，时刻注意安全，特别是在两个人合作练习时。

第十四章

训练计划

启蒙训练需要控制好进度，一步一步来。这好比吃饭，得一口一口吃。教孩子也是这个道理，不能着急。一个动作说不明白，就要一直说。孩子的理解能力有限，需要说清楚动作该怎么做，需要让孩子明白怎么做这个动作。在教不同的孩子时，尽量根据每个孩子的情况进行精细化教学，简言之就是因材施教。每个孩子的性格、对球的理解、天赋和能力都不一样，更需要因材施教。虽然计划相同，但是要求和侧重点不一样。总之，应循序渐进，因人而异。

训练计划可分为多年训练计划，年度训练计划，季度训练计划，月训练计划，周、日、课训练计划和个人训练计划。一般来说，启蒙阶段的多球训练计划和单球训练计划是重叠的。也就是说，多球训练计划和单球训练计划基本是相同的，多球练什么，单球就可以练什么。

一、制定训练计划的原则

1. 制定训练计划要有目的性和针对性

要针对训练的目标和重点选择计划，要有的放矢。例如，在第一次练习正反手结合技术时，是练习“反手两个、正手两个”，还是练习“反手一个、正手一个”？这个环节主要训练孩子正反手转换的衔接能力，重点训练孩子正反手转换时对球拍的微调能力。基于这个目标，可选择练习“反手两个、正手两个”。在练习时，从反手转换到正手和从正手转换到反手时，派发球需要稍稍慢一些，让孩子有足够的时间移动脚步和调节球拍，而在打正手两个球和反手两个球时可以稍稍快一些。同时，提醒孩子要调节球拍拍肩的位置，尤其是在第二板的击球时，一定要把拍肩调整到自己击球最舒服的击球位置，并且让孩子感觉这两板球的拍肩位置是否一样，由此训练正反手转换的能力。当比较熟练后，可以比较自如地选择其他左右结合的计划。

2. 制定训练计划要根据孩子的技术水平

水平高一些的，目标高一些；水平低一些的，目标相应地低一些；对于实在完不成目标的，则需要降低要求，但变化既不能太多，也不能太少。例如，两个孩子一起练单球，基本功好的孩子可以很快完成训练计划，而基本功比较薄弱的孩子还没有完成，这时就要降低基本功比较薄弱的孩子的计划要求（如基本功好的孩子一个球打 30 板，基本功比较薄弱的孩子可减半，即打 15 板）。在确定基本上都能达到这个目标后，再往上加。

3. 制定训练计划要有量的变化

最开始的计划安排要尽量少一些，再慢慢调整计划数量。

15 ~ 20 天就可增加或替换一项计划，并根据孩子对技术的熟练程度安排不同的训练计划。换言之，每一组技术动作需要练 15 ~ 20 天，目的是让孩子把技术动作做熟练，形成肌肉记忆。

4. 制定训练计划要针对重点和缺点技术

一节课不能什么都练，要在训练计划中突出重点，进行加强训练，再进行其他技术动作练习。这个突出的重点包含两个方面：一是乒乓球的重点技术动作；二是孩子欠缺的技术动作或者技术动作中的缺点。例如，孩子步法比较差，那么制定的训练计划要偏重脚步的训练；有些孩子击球后动作还原比较慢，导致下一板球无法及时衔接上，就要多进行摆速练习，促使孩子打球的动作能更快速准确。

5. 制定训练计划要因人而异

因人而异、因材施教、循序渐进是乒乓球启蒙训练的真谛。教练要在平时训练过程中客观分析每个孩子，要发现孩子的优点、认识孩子的不足，能针对每个孩子的具体情况制定训练计划，激发孩子的积极性，充分挖掘孩子的潜能，多方面培养孩子的特长，尽力帮助孩子成长。

二、执行训练计划的方式

执行训练计划的方式为：

（1）计时或以几盆球为计数单位，打一定时间或打几盆球后更换训练计划。训练计划不是盲目地练，也不是发完一盆球后就进行下一个计划，而是要根据实际情况确定是否要往下进行。在训练中练得不充分的计划通常要一直练，直到练好这部分内容，再往下进行其他训练计划。

（2）训练时要注意随机应变。教练看到孩子的优点，就突出特长；看到孩子的技术缺点，哪方面不好就多练哪方面。进步就是找出缺点并慢慢改正后的熟练。例如，孩子比较懒，打球不太动步法，可以让他进行多球训练，进行三点攻球训练，派发球的点位大一些，或者发全台不定点球，逼迫他移动步法来找球。

（3）训练时要注意调整强度。为了提高训练效率，教练可以尽可能满足孩子的一些要求。例如，如果孩子觉得练得太多了，想少练一些，可以根据孩子实际练习的情况决定是否减少一些量或者降低一些难度，或者此项计划的练习效果已经比较满意，可以直接转下一个训练计划。这样会让孩子的积极性更高一些。

（4）训练时要注意劳逸结合。教练要注意观察孩子，同孩子多交流，根据孩子的身体情况微调训练计划。例如，练到一定时间后，要让孩子休息一下或者捡捡球。如果长时间不休息，孩子的手腕酸了，动作就会变形。例如，在派发多球时，每发一小段时间就停顿一下，给孩子稍稍休息和调整的时间，然后继续。

（5）单球训练时教练要时刻注意孩子的动作。孩子一旦盯不准，打着打着就会变形。单球训练计划结束后，如果时间还早，可以对孩子比较薄弱的技术用多球加以强化练习。

（6）具备一定水平后，训练计划更多的是不定点、全台或比赛之类。教练要根据孩子的水平调整计划。训练的内容要多加变换，要在孩子的能力范围之内。

（7）训练计划要结合体能训练。

第十五章

管理沟通

一、球队管理

中国人民解放军是一支威武之师、文明之师。这个“威武”和“文明”从何而来？是钢铁纪律铸造出来的。没有科学和严格的日常管理是不可能形成钢铁纪律的。同样，一个优秀的球队，七分靠管理，三分靠训练。如何通过日常规定和管理打造“严谨、礼貌、拼搏、活泼”的球队氛围呢？

1. 日常生活立规矩

在日常中立规矩，包括：要求队员统一放置衣服、球鞋，在球台的统一位置放置球拍；要求队员统一站队、集合及离开场地的方式；要求队员见到师长和待人接物要有礼貌；等等。

2. 训练场上立规矩

（1）准备活动时，在前面带跑的孩子应慢一些，否则后面的孩子可能跟不上，或者可能摔倒。必须时刻注意孩子的安全。

（2）进行多球训练时，第一个孩子上台打球，第二个打球的孩子捡球，其他孩子在后面跟着做徒手练习。进行单球训练时，第一个孩子上台打球，打完球后立即捡球，其他孩子在后面跟着做徒手练习。教练要盯着打球孩子的动作，同时要关注后面做徒手练习的孩子，要防止他们打闹磕碰，要让他们跟着挥拍。

（3）进入训练场地立即禁止说话、禁止打闹。无论是训练、比赛、课间休息、体能训练还是捡球，一律禁止说话，禁止打闹。

（4）爱护器材，禁止踩球；捡球器轻拿轻放，用完放回原位；训练完毕要整理场地。

（5）队内比赛时，结束每场比赛后立即进行搓球练习（既可避免扎堆说话、松松散散，也可提高搓球能力）；要求赢球方报比分。

立规矩，养习惯，该管的时候就得管。比较淘气的孩子该训的时候就得训，如果任其淘气捣乱，无论是训练效果还是对外影响都不好。在这个方面，应该让孩子怀有敬畏之心。

3. 营造积极的氛围

（1）启蒙训练不只是教孩子打球，还要教他们如何做人，培养他们对乒乓球的兴趣爱好，让孩子在训练中产生愉悦的情绪，激发孩子训练的积极性，创造出竞争的氛围，让孩子能更认真、更主动地训练。

（2）对孩子要有爱心和耐心，要善于发现孩子的闪光点，要能挖掘孩子的闪光点，要能培养孩子的特长。在训练过程中多鼓励他们，多说一些“你真棒”“非常好”“继续加油”

之类的话，让孩子对自己有信心。

（3）在训练中多关注孩子的状态。如果看到孩子的状态不对，要多给予关心，多问问哪里不舒服，或者哪里有什么问题，进行鼓励或帮助调整，让孩子在训练时活跃起来。

（4）训练中的内容和方式要多变。即使单一的正手攻球训练，也要通过计数、比赛等方式让孩子在训练中活跃起来。其他内容的训练也需要这样的处理。

（5）在练习对抗或发球抢攻时，可以让孩子记比分，把练习当成升降级比赛，赢者上输者下，以便更好地激发他们的斗志，让他们有拼搏的精神。

（6）每个孩子都有自己的性格，有些孩子比较调皮，教练需要严厉一些；有些孩子比较乖，可以温和一些；对一些不听话的孩子，可以采用一定的惩罚措施，但在惩罚前必须对孩子有足够的关心和重视，还要充分考虑孩子和家长的实际情况，不能过头。

（7）想让孩子有认真的态度，首先教练自己要认真负责，这样才会让孩子产生共鸣。教练要先把自己的心态调整好，对自己有目标、有要求、有追求，用自己的热情感染孩子，带动孩子。

二、交流沟通

1. 与孩子的沟通

一名好的启蒙教练一定要擅长与孩子沟通。当一名好的教练，首先要会说话、会交流。特别是启蒙教练，要懂孩子的心理和思维，要会与四五岁的孩子进行沟通，知道应该同孩子说什么、怎么说、怎样才能让孩子听懂。这是启蒙教练必须明白并掌握的。

（1）训练时要会观察孩子的表情和行为，发现情绪不对时能及时与孩子沟通，及时调节孩子的情绪。如果教练忽视了孩子，孩子的注意力会慢慢分散，会觉得枯燥无味，甚至不再喜欢这项运动。

（2）与孩子的沟通要有方法。当孩子打上球时，要及时夸奖，给孩子增加信心，让孩子更认真地打球；当孩子打不上球时，要耐心给他讲正确的打球方法；如果实在打不上球，要对孩子手把手地指导，如可以把着孩子的手臂带着打。如果孩子的动作有问题，就要时刻提醒孩子，而且要一直说，因为孩子打着打着往往就忘了。

（3）教孩子时教练的口齿要清晰，要用孩子能够听清楚的声音来讲话。要注意每个孩子的领悟能力不一样，教练说的一句话对这个孩子有用，可能另一个孩子就理解不了。怎么让孩子听懂是最考验教练的，考验着教练的表达能力和耐心程度。

（4）在带孩子训练时，要了解每个孩子的性格，对症下药。对脾气不好的孩子，可以哄哄他，夸他，奖励他，且一般情况下不应呵斥这样的孩子，因为孩子脾气一上来，很可能更不听话，大哭大闹，影响不好。对老实的孩子，要多夸奖，多鼓励，当他不认真时，用稍微带点生气的语气提醒他即可。

（5）教孩子要有耐心，要控制好情绪。教练对乒乓球要有客观的认识，要了解乒乓球训练是一个长期的过程，要明白孩子学习乒乓球有一个反复的过程。遇到事情要有耐心，要能控制自己的情绪，要多激励孩子。对一些调皮的孩子，既要严厉又要讲究方法。例如，可以要求孩子打球时计数，打一个球数一个数，以便让他集中精力。

（6）训练可以娱乐化，可以游戏化。例如，练发球时，在几个点设置卡通玩具，用打小怪的方式让孩子更积极地融入训练。但要把握好度，中心还是以训练为主。训练或者课外时间也可以同孩子开个小玩笑，让孩子放松。如果教练太严厉，孩子会过于紧张，不敢做动作，也不敢进行尝试。

2. 交流方法

（1）及时指出。例如，给孩子派发多球时，看到孩子有错误要及时通过语言或者动作模仿告诉孩子，提醒孩子正确的动作是什么，以便及时改正。又如，有些孩子击球动作不完整，收不到位，或者手腕不包球等，必须时刻提醒他们，避免错误动作定型。

（2）区别对待。关注所有孩子的性格类型，并因人而异，区别对待，把握好度：有的需要严厉一些，有的需要多鼓励一些，有的需要哄着一些。

（3）讲究方法。在按计划训练时，如果一个计划的要求是 30 板球为一组，当孩子打到 28 或者 29 板球时，就可以算一组。因为如果不算，孩子的情绪可能发生变化。有时候，孩子的情绪决定着训练效率。

（4）设置门槛。训练时要顾及孩子的情绪。有些孩子在训练过程中会感到枯燥，想要比赛，这时一般可按照孩子的意愿。但如果教练觉得练习还不够，还想让孩子进一步加强，则可以设置一个限制，如再打几盆球或再打几分钟，练好了就可以比赛。在这种情况下，孩子一般都会积极主动地训练。

（5）适时提醒。孩子动作有错误时，教练要先分析错在哪里，心里不要着急，然后慢慢指导孩子改正动作。在孩子改动作时不要一直说，而是在孩子做错或者忘记时再进行提醒。教练要知道在什么时候说最合适，不能说多了，也不能说少了。

第五篇

致敬中国乒乓球最可爱的人

- 致敬乒乓球爱好者——中国乒乓球最可爱的人
- 致敬家长——启蒙训练最重要的人
- 致敬基层教练——中国乒乓球最坚固的基石

第十六章

致敬乒乓球爱好者

——中国乒乓球最可爱的人

一、乒乓球爱好者是中国乒乓球最可爱的人

1. 人数众多

乒乓球是一项可以从 3 岁练到 93 岁的运动，是备受国人欢迎的体育项目。据统计，中国乒乓球爱好者将近 1 亿，其中职业选手 2 000 人左右，业余体校 3 万人左右。至于业余乒乓球爱好者，即便只统计一周打两次以上、一次 1 小时以上的，也多达 8 300 余万人。由此可见乒乓球运动受国人喜爱的程度。

2. 地域最广

大量乒乓球爱好者散居在世界各地。他们通过乒乓球健身，通过乒乓球交友，通过乒乓球交流，以乒乓球为媒介，让世界更好地了解中国，让中国更好地融入世界。

在国内，乒乓球爱好者遍布大江南北、长城内外，可谓：凡有井水处，皆能歌柳词；凡有国人处，皆能乒乒乓。诸多

爱好者通过乒乓球强身健体，通过乒乓球密切关系，默默为中国乒乓球的发展壮大贡献自己的力量。

3. 贡献最大

我国基层教练大多来源于乒乓球爱好者。当乒乓球爱好者对乒乓球有了深入理解，具备一定水平时，身边朋友或亲戚的孩子就会跟随着练乒乓球，久而久之乒乓球爱好者也就成长为教练。目前，乒乓球爱好者依然是我国基层教练最大的来源。

广大乒乓球爱好者遍布全国各行各业，对形成浓厚的乒乓球氛围、助推乒乓球发展做出了卓越贡献，尤其在培训、交流、赛事等方面做了大量的工作。众多爱好者还推动了乒乓球运动员在升学、就业、工作等方面的发展，为乒乓球运动员免除后顾之忧，持续吸引着诸多优秀少年儿童投身国球运动。广大乒乓球爱好者为中国乒乓球的长盛不衰提供了源源不断的动能。

4. 令人钦佩

乒乓球爱好者中涌现了众多可歌可泣的故事。有的爱好者身残志坚，努力成为乒乓健儿，为国征战，为国育才；有的爱好者以乒乓为媒，奉献爱心，扶贫帮困；有的爱好者酷爱乒乓，钻研学习，如痴如醉；有的爱好者胜不骄败不馁，从屡败屡战成长为球场常胜将军……

中国乒乓球爱好者的精神可贵，令人钦佩，导人向善。

二、几点敬告

基于对乒乓球爱好者的崇敬之意，针对乒乓球爱好者技术训练的现状，提出几点想法，希望对广大乒乓球爱好者有所助益，也敬请批评指正。

1. 注意体会击球感觉

学习乒乓球技术动作不应只单独模仿乒乓球动作的外表，而应深刻体会和掌握击球时的感觉。无论是正确的动作还是错误的动作，都是肌肉的用力行为。人体是一个杠杆，以关节作为支点，肌肉包裹着关节，牵引着骨骼，是杠杆的动力。以正手攻球为例，上肢的击球动作运用了掌指关节、腕关节、肘关节和肩关节。

查阅《系统解剖学》等资料，可以看到：掌指关节可做屈、伸、收、展和环转动作；腕关节可做屈、伸、收、展和环转动作；肘关节主要做屈、伸动作；肩关节是全身最灵活的关节，能做屈、伸、收、展、旋内、旋外和环转动作。对正手攻球的技术动作可以这样理解：正手攻球时，手指的动作是以掌指关节为支点的肌肉行为，手腕的动作是以腕关节为支点的肌肉行为，小臂的动作是以肘关节为支点的肌肉行为，大臂的动作是以肩关节为支点的肌肉行为。据此推理，乒乓球的所有技术动作都应符合人体的生理结构。把乒乓球技术动作简单化、本质化，更有利于学习和掌握乒乓球技术。

2. 注意打球节奏

启蒙训练时经常遇到这样的现象：初学的孩子在打球时

往往都是用力打，但基本打不上球；而让他放松打（不使劲）时，基本都可以打上球。笔者常常由此联想到电影《大腕》中的一个片段，演奏的哀乐在两倍速的节奏下竟变得像是一首喜乐，也由此联想到轻重缓急对打乒乓球是多么重要。

由此建议：乒乓球爱好者在打球时要先把节奏放慢一些，把击球力量减少一些，以便慢慢体会动作和发力，慢慢体会击球的感觉。一旦节奏快了，上肢容易僵硬，比较容易发力，但在没有充分理解和掌握技术情况下的发力一般更容易用大臂抡、用大臂推。

3. 注意训练进度

曾有一个《去吧》的故事：憨徒弟去学拳，跟师傅三年而无所成。出师时师傅赠送徒弟绝学秘技，师傅随手在灶门前拿了一根烧火棍，在徒弟头上抡了一圈，跟着右脚向前一跺，随口来了一句“去吧！”憨徒弟信以为真，回家日夜苦练。多年后，竟然凭着这“三脚猫的功夫”在机缘巧合下力挫强敌。另外，笔者常常在训练时联想到程咬金的三板斧。

由此建议：乒乓球爱好者在学习乒乓球技术时要把进度放慢一些，先把基础夯实一些，放弃“千招会”，练就“一招精”。成年人打乒乓球的目的主要是健身和交友，比赛或输赢固然重要，但相较于身体的健康和情绪的愉悦，其他都是次要的。

4. 注意训练发力

曾看到一位同事打球，他拿起球拍奋力打了三板球后就“哎哟”地捧着胳膊叫苦不迭。因为他没有做热身活动，击球时不会蹬地转腰，只是挥动大臂来打球，导致大臂肌肉拉伤。

由此建议：乒乓球爱好者在活动前要做好热身运动，要逐步加大运动强度，尤其是在没有熟练掌握技术动作前应少发蛮力。错误的发力位置和发力习惯，容易带来伤病。

5. 注意参考人的走路体会技术动作

对照走路，体会动作，调整动作。人虽然长得形态各异，但是每个人走路的姿势都是比较协调自然的。可以对照走路的形态和感觉来体会技术动作，进而逐渐理解和调整技术动作。

理解和调整技术动作实际上是体会正确的发力方法，养成正确的发力习惯，用正确的发力位置逐步替代不正确的发力位置。例如，如果在正手攻球时习惯性挥动大臂击球，则可多练习挑球的技术，体会手指和手腕在击球时的运用。当再练习正手攻球时，放慢速度、减少力量来击球，无论球拍挥到哪里都要往眼前收，最后把拍头停留在眼前。多次训练后，将会慢慢用手指和手腕打球。既然会用手指和手腕打球，自然就不会再挥大臂击球。这好比人小时候都会爬行，但当会走后基本上都不会再爬行了。

第十七章

致敬家长

——启蒙训练最重要的人

家长是乒乓球启蒙训练中最重要的人之一，也是决定孩子乒乓球启蒙训练成败的首要因素。

一、家长与孩子的特长学习

1. 要让孩子学习特长

《触龙说赵太后》中说：“父母之爱子，则为之计深远。”父母对孩子的爱如山似海，宠爱孩子、疼爱孩子、对孩子呵护备至，固然蕴含着父母对孩子无微不至的爱。然而，家长如果不能陪伴孩子一辈子，不能保护孩子一辈子，不能包办孩子一辈子，就应该及早培养孩子、锻炼孩子。一方面，树规矩、养习惯，提高孩子的整体素质；另一方面，培养孩子的一技之长，因为孩子小时候掌握的一技之长在长大后可能随时可以转化为技术，甚至可能转化为资源。

特长学习是文化课学习之外的学习，包含音乐、体育、美术及其他项目的学习。特长学习的过程可以全面提升孩子个人素养，更好地提升孩子的自信心，挖掘孩子的潜能，进而提高孩子自身的能力。同时，特长学习有利于孩子的身心健康，可以很好地缓解心理压力，有利于孩子全身心地投入学习之中。

赠子千金不如授子一技，赠女万贯不如教女一能。建议家长在孩子幼儿园和小学阶段全力培养孩子的一项特长。一方面，通过特长学习促进孩子的整体发展；另一方面，孩子有一技之长，可为以后升学、就业早做准备。从现实情况看，有特长的孩子往往能更好地适应社会发展。对于孩子，特长最好要有，虽然平时可能不用，但是在关键时候却可能大为受益。这是家长和孩子以后的底气所在，是家长和孩子以后在某些情况下能否进退自如的基础所在。

一般来说，对孩子学习特长有以下几种选择：

（1）不学习特长，或因为家长认知，或因为孩子兴趣，或因为家庭经济条件，或因为家庭生活环境等因素而放弃学习特长。

（2）学习多种特长，且动静结合，面面俱到，让孩子在各个领域多加涉猎，主打见多识广，可以不求甚解，主要培养孩子的兴趣爱好。

（3）先学习多种特长，经过两三年的学习和理解，明确孩子的兴趣、特长和发展方向，再逐步筛选出一种，至多不超过两种特长进行深入学习。

（4）自小选择一种，至多不超过两种特长，集中时间、精力进行深入学习。可以让孩子在小的时候“进”可以进入专业队、国家队，为国争光，“退”可以让孩子成为全面发展+特长的优秀学生；可以让孩子长大后“进”可以靠特长升学、就业，享受特长学习带来的回报，“退”可以凭借特长谋生，安身立命，乃至出人头地。

2. 家长如何为孩子选择特长学习

一般来说，家长为孩子选择特长学习的情况有以下几种：一是随便或随机选择特长学习；二是听朋友、家长介绍，或者经其他途径推荐选择特长学习；三是根据家庭或学校位置进行托管式特长学习；四是根据孩子的兴趣爱好选择特长学习；五是根据家长的爱好、认知、资源选择特长学习；六是根据孩子的能力选择特长学习。

事实上，家长为孩子选择特长学习都有自己的考量。或随大流，让孩子随便学一点特长；或就近方便接送，让孩子随便学一点特长；或为了托管孩子，让孩子随便学一点特长。不一而足，对此别人无权置喙。但是，如果家长对孩子学习特长有目标、有要求，就需要反复斟酌：每个孩子都是“独一无二”的，每个孩子都有非常优秀的地方，每个孩子的特长学习都可以达到一个相当高的水平，但必须有两个前提：一是家长要选对老师（教练）；二是家长要坚持到底。无论学习哪个行业的哪种特长，道理都是一样的。

以乒乓球为例，家长的首要任务是查找本地的俱乐部、乒乓球传统项目学校、业余体校，将这些单位的位置、规模、教练配备、竞技水平、历史成绩、培养和输送人才情况等罗列出来，找到本区（县）、市或省最优秀的教练。家长尝试着多同这些教练接触，多去这些单位观看其他孩子的训练，多与不同家长了解相关信息，再让自己的孩子报名学习，最后根据教练的为人、能力、资源、敬业程度以及家长自身的综合能力等因素，决定跟随哪位教练进行深入学习。

千里马常有，而伯乐不常有。故虽有名马，祗辱于奴隶人之手，骈死于槽枥之间，不以千里称也——道理就是这么简单。找到伯乐，成就千里马就找到了路径。找到好老师（教练），孩子的乒乓球之路就成功了一半，其他的就交给时间去积累吧！家长不知道哪位教练优秀不要紧，就怕家长没有想寻找一位优秀的教练。只要想找，只要去找，总会有办法找到的。

3. 家长如何参与到孩子的特长学习中

1）对训练坚定不移

每个孩子的特长都是后天培养的。在学习特长时，大部分孩子都只有三分钟热度，然后就说没有兴趣了，不想继续学习了。于是，绝大多数孩子的特长学习就此半途而废。其实这不一定是孩子的问题，而主要是家长的问题。任何一项特长的学习，包括孩子的文化课学习、成人的技术学习，都可能经历以下过程：最初时非常感兴趣；后续的学习和积累很辛苦，导致主观上想逃避或者放弃；之后因为多种因素而坚持下来，并因为学习和积累而变得优秀后，对此项学习可能再次感兴趣，主观上也会更加努力、认真、灵活并坚持，于是超越平凡，成就更优秀的自己。在这个过程中，即使孩子初始时不感兴趣，只要家长能坚持一段时间，让孩子养成参与学习的习惯，当孩子在学习中不断感受到自己的进步时，当孩子能享受进步带来的喜悦时，就会深深地喜欢上这项特长学习。

事实上，孩子最初的兴趣是难以持久的，也是随时可能改变或者转移的。而家长作为成年人，认知、理解、思维、意识等都相对成熟，且不太容易改变的。家长是否认可、能否坚持，才是孩子乒乓之路能否长远的主要因素。因此，家长应该明白：找对了教练，家长能够坚持下去，每个孩子都会有一个应该获得的发展；孩子的特长学习需要家长来引导，需要家长来坚定，需要家长来督促，需要家长多年如一日的坚持。

2）对学习灵活应对

家长要积极参与到孩子的学习过程中，要积极做一些力所能及的事务性工作，要积极陪伴和参与孩子的学习，积极积累对此项特长学习的认知和理解，还要尽可能多地对老师（教练）的业务能力、人品、资源等进行了解和判断。家长必须尊敬老师（教练）、相信老师（教练）、亲近老师（教练），但不能盲目迷信老师（教练）。家长应该经常请高水平教练指点孩子的技术动作，也可以请不会打球的人来观看孩子的训练。高水平教练可以明确指出孩子技术动作的优缺点、改正方法，以及以后努力的方向。而不懂乒乓球的人来看孩子打球，可以跳出乒乓球看孩子的技术动作，如果感觉哪个地方有些别扭，那个地方应该就存在问题。虽不一定能说出来为什么，但每个人对“自然”的理解和感觉可能是相通的。

笔者认为，在孩子学习特长的过程中，“功利性”应该成为每个家长的标签，因为每个孩子都是家长和家庭的宝贝。孩子的时间比金子都珍贵，孩子的童年一去不复返。有不少孩子因为家长的原因、因为老师（教练）的原因，在特长学习的路上误入歧途，后悔不迭，却无力回天。因此，家长的考量都应该以孩子为主，应该有利于孩子的进步。当下的俱乐部、老师（教练）不能满足或者推动孩子进步时，家长可考虑更换老师（教练）或者换俱乐部，不能囿于面子而影响孩子的长远发展。这样的意识应该是坚定不移的。

3）对教练真心相待

老师（教练）应该与家长在先天上就是最亲近的人：两者目标一致，方向一致，行动一致，都是为了孩子，都想让孩子越来越优秀。老师（教练）可能是除血脉至亲外第一个对孩子好的人。一般来说，老师（教练）付出的应会远远多于自己得到的。从这个角度来说，家长应该视老师（教练）为自己的亲人、朋友，甚至是恩人。家长可以在孩子特长学习和日常相处过程中将这种感谢、感激、感恩之情予以恰当的表达。

真诚、感恩应该是家长最好的标签。家长应该投桃报李，真诚以待。家长不懂，挺麻烦；家长懂，不做，更麻烦。家长的眼界决定着孩子发展的远度，家长的境界决定着孩子发展的高度。

二、教练如何与家长相处

家长作为孩子的监护人，作为孩子接送的负责人，作为训练费用的承担者，作为三观明确、思维清晰的成年人，在孩子乒乓球启蒙阶段的重要性应排第一位。家长基本上是教练在启蒙阶段唯一不能改变的因素。家长的认知、家长的思维、家长的意识、家长的经济、家长的能力，都是很难改变的。启蒙训练，对孩子来说，不是筛选与选拔的过程，而是一个培养和成就的过程；对教练来说，是一个理解家长、帮助家长、引导家长、改变家长，甚至挑选家长的过程。

教育和体育是一体的，乒乓球是体育的一个分支。教练这个名称蕴含着"教"和"练"两层意思。作为教练，不但要教孩子技术动作，还要教孩子做人，更要亲自带着孩子训练。教练付出了辛苦的劳动，也获得了一定的收入，而家长付出了费用，孩子学到了特长，一切看似都是对等的，但是教练工作不是简单的服务销售，教练工作不是服务业。教练工作是教球和育人相结合的教育活动。教练是在帮助家长教育孩子，是在帮助孩子成长，助推孩子成才。当然，教练的能力和价值要体现在孩子身上，必须家长的大力配合才能完成。

因此，教练与家长的相处模式应该是不卑不亢的：理解家长、尊重家长，但不低声下气；帮助家长、教育孩子，也绝不趾高气扬。

1. 理解家长

家长是启蒙训练的买单者，是启蒙训练的支持者，是启蒙训练的推动者。无论学习什么特长，孩子要想学有所成都取决于四点：一是老师水平怎么样；二是家长能力怎么样；三是孩子天赋怎么样；四是时间积累怎么样。几乎所有的重点、难点都要家长来落实解决：家长要为孩子选择方向，家长要选择老师（教练），家长要有足够的能力和经济水平，家长要给予支持和坚持，家长要客观认识孩子成长过程中的曲折，家长要禁得起孩子学习过程中的煎熬，家长要一以贯之地帮助孩子成长，等等。家长很辛苦，家长很伟大。教练要理解家长，要同家长成为朋友。

2. 帮助家长

在启蒙阶段，教练帮助家长主要体现在两个方面：一方面，要帮助孩子成长，让孩子获得应该能达到的发展；另一方面，要对家长多加引导和影响，让家长看到这个行业或者职业对孩子的帮助和推动作用，让家长看到教练的专业、敬业和水平，让家长看到孩子的能力和进步，让家长见证孩子一天天变得优秀，让家长明晰孩子的发展和前途，让家长循序渐进地认识和理解乒乓球，从而获得家长的理解和支持，让孩子的乒乓之路更顺畅。

3. 引导家长

教练应注意引导家长理解乒乓球，引导家长参与训练，引导家长成为训练的好助手，引导家长与教练成为训练的共同体。为此，教练可在以下方面引导家长：一是根据情况，引导家长参与卫生清洁工作；二是引导家长维持训练秩序；三是引导家长督促孩子的步法和徒手练习；四是引导家长参与孩子的训练和技术学习；五是引导家长参与队内比赛；六是引导家长参与对外比赛和交流工作。

训练时也可以请家长参与进来，成为教练的好帮手。一是让家长看到教练的辛苦和敬业，体谅教练的不容易；二是让家长看到自己孩子训练的实际情况，杜绝出现“学得好，是家长生得好；学得不好，是教练教得不好”的说法；三是请家长维持秩序，负责某个部分的练习，以辅助训练；四是调动家长的积极性。例如，多球训练时捡球的孩子就是下一个打球的孩子，捡的球多，打的球就多，故可引导家长或监督孩子快速捡球，或亲自上场捡球；当有家长主动帮助打扫卫生时，下课后给他的孩子加课十分钟。诸如此类，一般都能很快形成融洽和积极的训练氛围。

4. 远离家长

教练既要和家长成为朋友，又要注意保持与家长的距离和分寸。从心理上看，家长凡事都会且只会考虑自己的孩子，而教练则需要整体考虑，需要考虑所有跟随训练的孩子。大部分家长只有一两个孩子，而教练却教育和培养着大量的孩子，两者在认知上是有差距的，在某些时候甚至可能产生矛盾或冲突。因此，教练既要明白家长、理解家长、帮助家长、成就家长，又要注意与家长接触的分寸，注意保持适当的距离。

同时，受社会的影响，有些在俱乐部训练的家长可能缺少尊师重教的思想，而是抱着“花钱就是上帝”的想法。这样的家长往往要求特别多，也更需要引导，不能让其干扰、左右或者主导训练，否则会带来无穷的麻烦。凡是启蒙阶段比较“事儿多”的家长，孩子的乒乓之路往往都不可能太长远。

通常在什么时候家长才可以和教练成为好朋友呢？当孩子不再跟随教练训练后，如果家长依然感念教练对孩子的谆谆教诲，依然感恩教练对孩子的用心培养，依然感谢教练对孩子的辛劳付出，依然愿意与教练相处，愿意同教练交朋友，那么恭喜这位教练——您遇到了一位可以相交一生的朋友，请务必珍惜！

有人说，两代人培养一位世界冠军。只要家长充分认识到、理解到且有能力做到，当家长可以看到孩子的优秀时，当家长可以看到孩子的持续进步时，当家长可以看到孩子的前途时，他一定会全力以赴地支持，一定会全力以赴地坚持，因为每一代中国人的发展和进步都有赖于父母全力以赴的托举。

第十八章

致敬基层教练

——中国乒乓球最坚固的基石

一、基层教练是一个伟大的群体

基层教练是一个庞大的群体，也是一个伟大的群体。一位基层教练相对于中国乒乓球来说犹如草芥，但千千万万的基层教练团结在一起，就是一个不可撼动的群体，甚至可成为改变中国乒乓球发展轨迹的群体。无论是纵观历史还是展望未来，基层教练都非常重要，是中国乒乓球最坚固的基石。

1. 基层教练奉献最多

基层教练遍布全国城市乡村，大家的生活和工作环境虽不一样，但都在基层扎扎实实工作，让越来越多的孩子拿起球拍，让越来越多的孩子爱上乒乓，不求名、不图利，不因收入少而产生懈怠情绪，不因待遇低而放弃训练工作，默默地围绕乒乓球训练工作而不懈努力，任劳任怨。基层教练虽然不说，但一直都坚信“功成不必在我，功成必定有我”，积极践行着“乒乓有我，强国有我”！

2. 基层教练实干最强

绝大部分基层教练没有培养出世界冠军，也没有培养出国家队的运动员，甚至可能没有培养出一位半专业运动员，但诸多基层教练凭借对乒乓球的满腔热血，在基层几十年如一日地辛勤耕耘，带出了一批又一批徒弟、队员和乒乓球爱好者，为本地区乒乓球运动普及和发展做出了难以替代的卓越贡献，值得铭记。

3. 基层教练研究最钻

基层教练不一定是科班出身，不一定能获得系统的学习机会；基层教练不一定是运动员出身，可能没有专业的积淀和理解。基层教练凭借对乒乓球的挚爱和理解，潜心钻研，不断丰富着乒乓球的打法、教法、器材、教具（例如，有一位教练为了让孩子更好地体会击球时间，用韧性很强的细钢管套着钢球制作了三根长长的可以在球台上使用的演示器），虽然不一定能形成体系或大规模推广，但是胜在大胆探索、躬行实践、标新立异，积极而切实地推动着中国乒乓球不断前行。

4. 基层教练贡献最大

基层教练是乒乓球接力的第一棒，有功却不显，居功不自傲。各地区的基层教练撑起了本地区乒乓球训练的一片天。所有教练都在辛勤培养孩子，通过区县选拔比赛选拔出最优秀的队员，参与全市优秀苗子的竞争和选拔；全市最优秀的孩子经过比赛和选拔，选拔出最优秀的孩子到全省参与竞争；而全省选拔出的最优秀的孩子又将参与全国范围的竞争。换言之，千千万万基层教练撑起了中国乒乓球的长盛不衰。

二、基层教练要成为最优秀的个体

作为一个独立的个体，每位基层教练都要努力成为最优秀的教练。

（一）为什么要成为最优秀的教练

1. 如何定义最优秀

优秀，是非常好的意思。优秀，不一定是第一。优秀，是一个态度，是积极向上的心态，是奋发图强的意识，是超越自我的思维方式。追求优秀的过程是全力以赴、决不放弃地开展实际行动的过程。

每个人的天赋不同，每个人的际遇不同，每个人的理解不同，每个人的追求不同，每个人的付出不同，每个人的心态也不同。因此，要客观看待优秀，只要全力以赴地努力了，就很优秀。

当一条街上相同行业的店铺对外宣传时，一家店说自己是世界上最好的，另一家店说自己是全国最好的，第三家店说自己是全省最好的……最后一家店则说“我是这条街最好的”。这样看来，只要客观分析，精准定位，不懈努力，就可以非常优秀，因为优秀的标准不是统一的。

2. 为什么要成为优秀的教练

1）为了孩子

每名乒乓球启蒙教练都至少有两个孩子，一个是自己的亲生骨肉，另一个是跟随自己学艺的队员。当孩子选择了学习乒乓球，对教练来说就是一份沉重的责任。乒乓球训练不是简单的商业活动，不是简单的等价交换活动，也不是一个短期行为。乒乓球训练是一个教球+育人的过程，是一个充满爱的教育过程，对孩子的成长具有难以替代的作用。作为教练，应该让孩子得到尽可能好的学习，让孩子能有尽可能好的发展。十年树木，百年树人。耽误了庄稼，是一季；耽误了孩子，是一生。

教练的价值体现在孩子身上。只有培养出优秀的孩子，教练才能成为优秀的教练。教练工作的最高境界是把人家的孩子当成自己的孩子带。成为优秀教练的过程，是教练研究技术、研究教法、研究孩子、研究教学的不懈努力的过程。在这个过程中，教练与孩子共同学习、共同成长。当成为优秀教练后，教练的心态可能会有转变，能力会有大幅度提升，也会拥有一些之前所不具备的资源，将会进一步推动孩子的进步和发展。

2）为了家长

家长选择乒乓球，把自己的孩子交到教练手上，充分表明了家长对教练的信任。孩子寄托着每个家庭对未来的希望。

无论家长在孩子开始学球的时候说什么，都是希望通过乒乓球的学习对孩子当下的体质、注意力、协调力、视力等有所助益，更希望乒乓球的学习能助力孩子以后的发展。作为教练，要对得起家长沉甸甸的信任。

中国家长是世界上最好的家长，都在为自己的孩子竭尽全力地付出。乒乓球训练也不例外，家长在经济、时间、精力等各方面承担了巨大的压力，在心理上承受着巨大的煎熬，甚至有家长为了孩子几乎倾尽所有。作为教练，要对得起家长不遗余力的付出。

3）为了家人

每一位基层教练都不是生活在真空中，每一位基层教练都上有老下有小，为人子女为人父母，必须上养老下抚小，还要对得起自己的爱人，因此不能躺平，不能摆烂。

基层教练没有体制的保障，收入也不是特别固定，因此更应该通过自己的努力积累一定的社会资源，获得尽可能多的经济收入，以让老人颐养天年，让孩子茁壮成长，让爱人幸福顺遂。对基层教练来说，努力成为最优秀的教练是达成这个目标的主要路径。

4）为了自己

每个人都有慕强的基因，会敬佩、崇拜、喜欢比自己优秀的人，每个人也都有被尊重的需求。马斯洛需求层次理论中的尊重需求既包括对成就或自我价值的个人感觉，也包括他人对自己的认可和尊重。换言之，就是一个人的社会价值。

每位基层教练都要成为最优秀的那一位。

生活既有诗和远方，也有去往远方的交通费、差旅费、生活费……教练需要收入，需要养家糊口。每个人的一天都是 24 小时，每个人工作的时间都相差无几，而要创造更多的经济价值，就要提高单位时间内的价值。简言之，成为最优秀的教练后，收入随之也会更高。再通俗一点说，当能带出本地区最好的孩子，就可以按照本地区的最高标准收费。因此，每个基层教练必须逼自己成为最优秀的之一。

（二）如何成为最优秀的教练

基层教练人数众多，从业渠道不一：有的在乒乓球传统项目学校执教，有的在业余体校执教，有的在俱乐部执教，有的在少年宫等培训机构执教。这些教练有的从院校毕业而成为教练，有的直接从运动员转为教练，有的从家长转为教练，也有的从业余爱好者转为教练，除个别教练能得到水平较高的前辈名师的指导外，大部分的教练都缺少系统的培训和学习。

运动员的价值在于比赛，能出成绩，可以为国争光。教练的价值在于培养出更多优秀的孩子（既包含出色的乒乓球运动员，也包含数量众多的乒乓球特长生，更包含数量更庞大的乒乓球爱好者），让跟随自己训练的每个孩子都能获得更好的发展。

要成为一名优秀的教练，必须具备两个条件：一是掌握足够的技能，具备足够的水平；二是认真地做，灵活地做，坚持地做。本书前面主要介绍了乒乓球的技术训练和教学方法，慢慢学习、体会和实践，可能可以解决成为优秀教练应该具备的技能问题，这里不再赘述。那么，做什么、怎么做，才能成为一名优秀的教练呢？

1. 重视研究学习

乒乓球是我国的国球，参与人员虽多，但乒乓球的培训作为体育产业的一部分，体量却相对较小。这是因为乒乓球培训有其特殊性，不能把乒乓球培训当成单纯的商品或者商业行为。乒乓球培训从根本上说是一项技能或技术培训，教球（技术）、育人、经济的三角形架构是其显著特征，招生和训练是其生存和发展的两条生命线，脱离了技术教学的乒乓球培训是残缺的。乒乓球培训应该重点抓教练的学习，提高教练的执教能力，同时重点抓孩子的技术训练，提高孩子的综合素质和竞技水平。这应该成为所有人的共识。

乒乓球是技术含量非常高的球类运动。乒乓球看起来很难，打起来也很难，教起来更难，要教好更是难上加难。乒乓球训练必须是一个教练不断学习、不断研究、不断提高的过程。教练要善于在训练中发现问题并解决问题，进而提升自己，实现教学相长。教练要善于透过现象了解本质，想办法解决训练中的困难，尽可能提高运动成绩。例如，教练可以参照中医“通则不痛，痛则不通”来分析孩子的技术动作是否正确合理，在以较大强度带孩子训练时可以多询问孩子身体有没有不舒服的地方，能针对孩子的一些外在表现和切身感受判断技术问题，并能解决问题。

2. 重视启蒙训练

基础不牢，地动山摇。启蒙训练是至关重要的。现在很多乒乓球学校和乒乓球训练基地都从启蒙阶段开始训练，这有利于乒乓球后续人才的梯队建设，有利于技术训练的统一，有利于对家长的教育和引导。这虽是无奈之举，但也是与时俱进的结果，从一个侧面印证了启蒙训练的重要性。无论是俱乐部还是运动队，要取得成绩首先要重视启蒙训练。

启蒙训练要从幼儿园中班前后开始。启蒙要趁早，原因有二：一是乒乓球训练有固有的规律和周期。启蒙训练需要一个比较长的时间进行积累，即使每天训练四五个小时，也至少需要 1 ~ 2 年才能建立初步的技术框架，才能具备一定的比赛意识和能力。二是需要及早与其他行业争夺生源。尤其是女孩，往往三四岁就开始学习舞蹈之类的特长。一旦错过这个时间段，加之社会上一些固有思维的影响，乒乓球就只能成为家长和孩子特长学习的备选项了。

3. 重视梯队建设

无论是小小的个人俱乐部还是省、市专业队，甚至是国家队，梯队建设都是无比重要的。梯队建设涉及人才培养的问题、人才储备的问题、人才输送的问题、人才竞争的问题。如果梯队建设出现了问题，一旦爆发就是地动山摇的大事件，而且是短时间无论再怎么弥补也无力回天的大问题。

启蒙训练虽是 4 岁到 7 岁这个时间段，但无论是俱乐部还是基层校队，甚至业余体校，其梯队建设一般都会涵盖幼儿园到小学六年级。这是因为：一是想打专业、能够持续付出的家长和孩子毕竟是少数，要为更多愿意培养兴趣、爱好和一技之长的孩子考虑；二是需要有完整的梯队来酝酿浓厚的竞争氛围。大队员带小队员，小队员拼大队员，你追我赶，这样才可能让所有孩子都出成绩。

4. 重视培养输送

能向上级训练单位输送运动员代表着教练的执教能力，也代表着一个俱乐部的竞技水平。如果只偶尔输送一个孩子，有一定的偶然性；如果能连续不断地输送孩子，一定有其必然性，一定有值得学习和借鉴的地方。能培养和输送孩子，证明教练执教的水平是高超的，证明俱乐部的整体水平和竞技能力是强悍的，对其他孩子、家长的鼓励和刺激也是非常大的。对家长来说，这在最初考察俱乐部时是一个巨大的加分项。一个俱乐部如果既没有优异的比赛成绩，又不能往上输送运动员，其执教水平和整体能力是值得怀疑的。

在从属关系上，向上输送的孩子一般属于原单位。这样，孩子在更高级别和水平的环境中训练，相同时间内水平会提升得更快。当代表原单位参加原级别的比赛时，会形成降维打击，极大地提升原单位的比赛成绩和美誉度。

5. 重视比赛锻炼

比赛是试金石，是照妖镜。如果一位教练、一个俱乐部不能组织孩子参加各级各类比赛，至少说明两个地方出现了问题，一是思维意识有问题，二是执教能力有问题。看孩子乒乓球的水平，一要看孩子的技术动作是否合理规范，二要看孩子比赛水平如何。从另一个角度说，孩子技术动作的合理规范是为了更好地提高竞技能力，从而有助于赢得比赛。比赛的意义，一是让孩子拿成绩，二是锻炼孩子，发现问题，再在训练中解决问题。从这个意义上说，比赛是检验乒乓球训练水平的唯一标准。

比赛应该贯穿整个启蒙训练阶段，天天要有快攻比赛、升降级的小比赛。当孩子具备一定水平后，可以联合几家俱乐部组织交流赛；当水平再高一些时，可以参加区县的比赛，可以尝试参加一些规模较大的交流赛，尝试参加更高水平的全国少儿“八大杯”比赛或“许绍发杯”比赛等；如果有机会通过区县、市级比赛的选拔，将有机会参加市、省两级体育和教育行政部门组织的比赛。

6. 重视集训培训

要充分重视培训对教练的促进作用。培训一般是由上级行政部门、业务指导部门和各种机构组织的。培训讲师要么是院校专家，要么是行业精英，对乒乓球的理解基本上都是高屋建瓴的。培训课题一般都具备很高的指导意义，对教练往往有醍醐灌顶、茅塞顿开的启示作用。教练在选择培训项目时，需要明确自己的水平，明晰自己的不足，知晓自己欠缺的地方，对照培训的讲师、课题以及授课方式，选择对自己最有帮助的培训项目。

要充分发挥集训对教练和孩子的推动作用。集训一般是由上级单位或社会上具备一定能力和水平的单位组织的。应该让孩子多参加高水平的集训，尤其是在教练刚刚入行或梯队刚刚组建时。教练最好带着队员一起参加集训，与队员同食、同宿、同训练。教练可见识更高水平的训练，有利于对照自己的训练更快地实现教学相长；孩子可通过经历高水平的集训开阔眼界，树立目标，整体水平和竞技能力可借此实现更快更大的提高。

7. 重视团队建设

一个篱笆三个桩，一个好汉三个帮。一个人走得快，一群人走得远。因此，必须在有条件的情况下建立自己的教练团队，充分重视教练团队的建设。在训练中，要充分发挥自己的示范带动作用，领着干、教着干，给其他团队成员打好样。在训练和生活中宽严相济，严在训练时的态度和技术要求，宽在日常待人接物的态度和相处的氛围。教练团队是一个整体，要甄别，要选择，要培养，宁缺毋滥。

即使短时间不能建立起自己的教练团队，也要根据实际情况选择最容易出成绩的组别进行重点训练。这时还需要整合社会资源，聘请兼职陪练，或者从体育院校招聘实习生，尽可能借助社会力量助推教学训练。在情况稳定后，可以逐步开启基础教练的孵化工作，慢慢尝试建立自己的教练团队。

8. 不疯魔不成活

人与人之间最小的差距是智商，最大的差距是坚持。一定要客观认识训练，一定要始终坚持训练，坚持到底就是胜利。知道不等于做到，做到还须长年累月地坚持。无论是谁，要想取得成绩，都必须付出超于常人的努力。乒乓球启蒙训练尤其如此。孩子从 4 岁开始拿球拍，即使训练很科学，技术很先进，训练强度和量都足够大，到能参加最小组别的比赛并能获得优异成绩，至少需要两年的时间。一个队伍从组建到能成规模并取得优异成绩，一般需要 4 年左右的时间。多年如一日的训练不敢有丝毫懈怠，必须要有“不疯魔不成活”的敬业精神。

在长期的训练过程中，教练既要专业又要敬业，还要多研究孩子，多与家长交流沟通，努力获得家长的理解和支持。否则，很多家长和孩子在训练中会经常出现动摇和反复的情况。孩子一旦退出训练，教练的努力也就前功尽弃。

9. 做训练的有心人

乒乓球启蒙训练是一项长期的充满爱心的工程，孩子进步所带来的喜悦和幸福感也是无以言表的。教练要爱孩子，爱乒乓，爱训练。只有这样，训练才是充满希望的，才是充满快乐的，才是有奔头的；只有这样，即使每天的训练再苦再累，也都能甘之如饴。

教练需要根据教学与实践的需要，时时以孩子为中心，事事为孩子考虑。例如，为了集中孩子的注意力，将多球架上的网换成灯芯绒布料遮盖；在孩子初学横板时，为减轻持拍手的负担，更好地使用手指和手腕，可以先粘贴一面胶皮；在孩子初学直拍时，在直拍背面手指头顶拍的位置粘贴一元硬币大小的胶片，既可减轻重量又可顶住球拍，以避免打滑；教练要时刻准备木锉刀和细砂纸，以随时为孩子打磨球拍拍肩；为减轻孩子捡球的辛苦，可以用纸篓、自行车筐、下水管自制捡球器；将球馆墙角、球台角等有明显锋利的拐角处用软包防撞材料进行保护；提前为孩子中考、高考、就业进行谋划和筹备，等等。

10. 寻求贵人帮助

贵人，就是对自己帮助很大的人。对教练来说，家长是第一贵人。无人注视的时候也要努力成长，最紧要的关注往往都藏在你无法觉察的地方。对教练来说，对自己关注最紧要的一定是家长。教练和家长从教育孩子角度来说是同一战壕的战友，教练能够给予家长温和的态度和孩子的成绩，教练能够获得家长的支持和不遗余力的帮助。家长会积极地参与平时的训练和大小赛事，吃、住、行、服装……不夸张地说，除课上训练和比赛指导外，其他任何事情家长几乎都能承担。

贵人是高级教练。高级教练一般是上级业务部门的教练，对启蒙训练一般有更深刻的认识和理解，能站在更高层次上看启蒙训练，能更容易看到技术训练的优缺点，更能指出训练改进的方向和措施。同时，高级教练还有集训、选拔、推荐等资源和权限，可以给予非常多、非常大的帮助。

贵人是领导、业务指导部门、上级行政部门和社会各界。各级部门和各级领导对乒乓球训练具有指导和规范的职能，还会有一些政策性的倾斜和支持。现在很多地区实行机构扁平化管理，只要有资源、有能力，就能比较容易获得上级部门的关注和支持，从而极大地加快教练自身发展的速度。

实际上，最好的贵人是拼命努力的自己。三五年前我们的工作状态决定了现在的生活条件，我们现在的努力状况决定了三五年后的生活环境。不要受网络毒鸡汤的影响，不能躺平，不能摆烂。为了生自己的人、为了你自己生的人、为了在你什么都不是的时候选择你陪伴你的人，只管努力工作就好。以后的你一定会感激现在拼命努力的自己！

要成为一名优秀的教练，不仅考验教练的执教能力，还考验教练的综合协调能力和对事情的把控能力。相信一位既专业又敬业的教练，在整合各方面资源的基础上，少则两三年，多则四五年，一定会带出一支优秀的队伍，取得优异的成绩。

（三）水平不高或刚刚从零基础启航的教练如何成为优秀的教练

1. 理性分析

无论是水平还不高的教练，还是刚刚从零基础启航的教练，时常都会有许多纠结：比较迷茫，迷茫于不知道自己的选择是否正确；比较彷徨，彷徨在不知道自己的目标是否正确；比较怀疑，怀疑自己的努力是否有意义；比较自卑，自卑于自己能力太差、水平太低；比较焦虑，焦虑在不知道学什么、怎么学、什么时候能学好。

要想成为一名优秀的乒乓球教练，首先要理性分析乒乓球教练这个工作的优缺点。优点：受人尊敬；工作环境单纯；

工作时间相对自由；是一项可以干到老的专业技术工作。缺点：对专业技术水平要求比较高；别人休息的时间是教练忙碌的时间；辛苦；不太容易出成绩。

要想成为一名优秀的乒乓球教练，还要对自己有客观的分析，知道自己有什么、擅长什么、不足之处是什么，知道自己想要什么、能做什么、能付出什么，并对自己有相对精准的定位，能付出持之以恒的努力，把自己的专业技术研究透彻，完成自身的积累，先成为一个小区域内的小专家，再融入更高层次的平台，完成资源的积累，由此获得更多更好的发展。

2. 坚定信念

乒乓球教练工作绝不允许躺平和摆烂。教练教球是途径，育人和传授孩子一技之长是目的，要有为孩子负责的使命感和责任感。既然选择教练这项工作，在享受教练工作带来的好处的同时也要承担教练工作附加的难处；既然选择教练这项工作，应该也是经过深思熟虑或反复斟酌后的抉择，那就应该全力以赴、尽心尽力地工作。

生如杂草也要不屈不挠，身处低谷也要仰望星空。生活注定没有奇迹，要笃定乒乓球就是这辈子的出路，笃定只要坚定不移地走下去，只要千方百计地学习，只要长年累月地积累，就一定可以成为最优秀的教练。而且，也必须成为最优秀的教练，因为所有的全力以赴都是为了让父母有尊严地生活，为了让孩子有质量地生活，为了让爱人开心快乐地生活。

3. 明确差距

水平还不高或刚刚从零基础启航的教练应该明确自己与半专业以上的运动员转型教练之间的差距。运动员转型教练的长处：对乒乓球有理解，有多年的技术积累和资源积累，打球水平高，陪练的水平也高，可以带更高水平的孩子；短处：专业的训练可能会限制思维和意识，如果没有高水平教练的指点，容易自己怎么打就怎么教。水平还不高或刚刚从零基础启航的教练的短处：在乒乓球领域举目无“亲”，自身水平相当于白纸一张，需要系统地学习，需要大量的时间积累；长处：没有固有思维和意识的影响，往往可以跳出乒乓球看乒乓球，如果有名师指点，可以积累更正确的教学理念和训练方法。

尺有所短，寸有所长。知己知彼方能扬长补短。要正视差距，也要合理羡慕那些打球水平高超的教练，但不能妄自菲薄，而是要客观分析。分析自己的长处在哪里，可以怎样发挥得更好；分析自己的短处在哪里，可以怎样快速追赶。根据实际情况进行精准定位，选择自己最适合的方向，加上持之以恒的努力，一定可以在乒乓球的某个细分领域成为佼佼者。

4. 多方学习

水平还不高或刚刚从零基础启航的教练需要多方学习。由于水平还不高，可能不知道学什么，不知道怎么学，不知道跟谁学。身处一个信息高度发达的社会，一方面可以自学，从书籍、视频、网络等方面着手，把理论了解清楚，并与实操互相印证，另一方面必须加强实操训练，每天多练习派发多球，训练单球，争取在技能方面积累得越来越厚实。

还可以通过以下渠道提高认知和能力：参加线上或线下培训，倾听专家和行家的见解；如果已经带队员训练，可以带孩子参加高水平集训，教学相长；可以带孩子参加比赛，见一见外面的世界，了解乒乓球的水平和发展趋势。

营销，是为了向其他行业"抢食"。专业，可以不怕同行向自己"抢食"。要想让自己专业、要想让自己更有能力，就必须千方百计地学习。学习要注意三点：一是要用心，要用心记、用笔记、用视频记，把有机会见到的、听到的、想到的都记录下来，广闻博览，并及时反刍分析；二是要尝试透过现象研究本质，要用心倾听、用心体会，既不盲从，不人云亦云，也不轻易否定别人的见解；三是学以致用，勇于实践，大胆尝试，敢于试错。对了，就是自己的知识和技能；错了，就改，改对了依然是自己的知识和技能。

5. 主动工作

教练工作是一项实践性非常强的工作。水平还不高或刚刚从零基础启航的教练要善于学习，积极上手，主动工作，并乐于工作，多承担工作。不要嫌工作累，不要嫌工作多，不要嫌工作烦，也不要只看到别人赚取了多少价值。要学会换位思考和客观分析：第一，工作的本质是锻炼和成长的平台，是每个人发展的必由之路；第二，每个人必须创造价值，且尽量多创造价值。开始的时候创造的价值可能会少一些，随着能力的提高会创造越来越多的价值。每个人都会经历这个过程，心急吃不了热豆腐。

成就一个人最简单、最直接、最有效的办法是让他做事。做事必须提前做计划、做方案、做准备。做事就会遇到各种问题，必须想方设法解决问题；做事就可能会做错，必须反思整改，避免再次出现错误。通过做事，通过解决问题，通过反思整改，就有经历，就有历练，就会在工作与解决问题的过程中成长和强大起来。

6. 突破弱项

水平还不高或刚刚从零基础启航的教练的最大弱项是乒乓球技能相对较差。毕竟不是从小就练过球，也没有专业队的经历和能力，虽可以搓一搓、挡一挡，但水平终究还是有限。为此，必须从两方面入手：一是深入研究和掌握多球训练技术；二是拓宽训练思路，提高训练质量。

国家乒乓球队前总教练许绍发曾说，日本在好多年前就已经通过数据统计、线路计算来进行日常训练和比赛。那么，可以尝试将发球、发球抢攻、接发球抢攻的线路细化，分解成套路，把比赛中可能遇到的球都分解在平时的训练中，反复强化训练。训练水平较高的孩子可以采用多球结合单球的方法进行训练。例如，训练拉下旋球后的衔接和相持时，教练可以防一板或两三板球，防不住时能顺畅地转换成用多球继续带孩子进行不间断训练。水平还不高或刚刚从零基础启航的教练必须从各方面多加努力，突破弱项，扬长补短。

7. 加倍努力

努力的意义是在以后的日子放眼望去，全都是自己喜欢的人和事。请少一些抱怨，多一些努力。人与人之间智商差距都不大，最大的差距在于是否努力、是否坚持。最具体的努力体现在空余时间的利用上：每天比别人多努力 10 分钟，10 天就是 100 分钟，100 天就 1 000 分钟……一万小时定律适合所有人。水平还不高或刚刚从零基础启航的教练必须有十年磨一剑的恒心和毅力，必须有不破楼兰终不还的决心和信心，还要有时不我待、只争朝夕的紧迫感和危机感。

当每天都很努力、每天都很劳累时，请咬牙坚持下去，慢慢就可能感觉到每天虽都很辛苦，但生活却越来越好，进步越来越大，发展越来越顺畅。事实证明，选择比努力更重要，但在有机会前、在具备选择能力前，努力和坚持才是最重要的！

8. 寻找名师

名师指点往往可以帮助少走五年到十年的弯路，可以节省大量的时间，尽早尽快完成初期的学习和积累。没有伯乐，即使是千里马，往往也会老死在磨坊内。当今社会的信息化程度虽已高度发达，随时可以查询、查阅相关资料信息，但老师的作用依然不能替代，因为乒乓球确实有许多口口相传的经验和理解。

名师具有示范、引领、辐射、带动的作用，名师往往还会拥有本行业相当多的资源，一般也会参与或者搭建一些资源平台。一人行快，众人行远。融入这些平台，也是一条实现快速发展的比较简洁和顺畅的道路。

乒乓球是一个周期特别长的项目，不是快消品，不是短平快的项目。乒乓球培训需要慢下来，一是孩子学球的进度需要慢下来，二是孩子打球的节奏需要慢下来，三是教练的心需要慢下来、稳下来。现在慢下来是为了以后能快起来，行稳方能致远。作为教练，必须心怀敬畏，既需要敬业，对训练和孩子能兢兢业业，又需要专业，能专一行精一行，更需要耐得住寂寞，因为无论是自身的积累，还是培养孩子，都要经历必不可少的周期。

希望每一位怀揣梦想、不懈努力的人在任何时候都能做到礼貌、认真、灵活、坚持。礼貌是素质，认真是态度，灵活是方法，坚持是韧劲。有礼貌的人更可能获得别人的亲近、尊重和青睐，更可能获得别人举手之劳的帮助，这可能是我们进步的契机和推动力。希望每一位怀揣梦想、不懈努力的人都能全力以赴地拼搏，得遂心愿。顺，不妄喜；逆，不惶馁；安，不奢逸；危，不惊惧。

第十九章

写在最后

乒乓球启蒙训练是一项系统工程。对于教练的训练技术和技能传授，按照正规、系统、专业的要求，并结合乒乓球的教学规律和笔者多年的教学经验，教练供球、落点、线路、技术运用、旋转变化等 12 个方面应遵循以下原则：

（1）供球：从多球到单球。

（2）落点：从定点到多点。

（3）线路：从单线到复线。

（4）击球：从单面到两面，从断续到连续。

（5）脚步：从定位到移动。

（6）节奏：从慢到快。

（7）速度：从慢到快。

（8）力量：从小到大。

（9）数量：从少到多。

（10）教学：从多球到单球，从教练带孩子单练到孩子之间对练、比赛。

（11）技术运用：从单个技术到组合技术。

（12）旋转变化：从无旋转变化到有旋转变化。

乒乓球运动是一项可以让孩子不断蜕变的工程。乒乓球让内向的孩子变得活泼开朗，让浮躁的孩子变得沉着冷静，让懒散的孩子学会勤奋高效，让胆小懦弱的孩子学会竞争，让优秀的孩子更加自信自律。孩子参加乒乓球训练后，将拥有更多的自信、勇气和更完善的人格魅力，并利于有效预防近视，锻炼注意力和身体协调性。乒乓球训练让孩子从参与伊始就开始蜕变，更自信、更强大，从而不断成就更优秀的自己！

乒乓球启蒙训练是一个教练、孩子和家长不断努力超越自我的过程。在这个过程中，教练、孩子、家长三方共同努力，互相成就。对教练来说，人人都可以成为最优秀的教练：从“知道”到“想到”，认清自己，找准定位；从开始到坚持，确立目标，学习积累；认真、灵活、坚持，遵循一万小时定律，一定可以成为区域内最优秀的教练。对孩子来说，凭什么比别人强？在训练中比别人精一点（质）、比别人多一点（量）、比别人苦一点（态度），日积月累，就可能比别人强一点。同时，孩子在这个过程中反复锻造所铸就的坚毅的品质、顽强的作风、胜不骄败不馁的意志会迁移到他的学习和生活中，助力他独占鳌头。对家长来说，乒乓球是国球，在我国拥有特殊的地位和影响力，无论是在孩子升学、就业中，还是在以后的工作中，学习乒乓球都可以为孩子带来有益的帮助。

家长选对行业，选对教练，并鼎力支持，全力坚持，一定会收到超值的回报。

乒乓球启蒙训练具有非常强的主观能动性。乒乓球技术教学和训练没有严格的规定，各技术教学环节之间也没有清晰的边界。每位启蒙教练都有自己的理解，都有自己的侧重点。本书是笔者长期开展乒乓球启蒙训练的记录与反思。笔者基本上是按照以下顺序进行训练教学的：先练正手攻球、两点攻球和三点攻球，在此期间学习发球，一发一接，同时练习颠球、托球、徒手练习等，这样循环教学；再练反手攻球、并步反手攻球，进行正反手结合技术训练。在这个初始阶段的训练中，正手攻球训练时间至少占 80%，之后再慢慢调整正反手训练的比例。这期间当孩子一发一接能够形成简单的回合后，再根据助理教练配备情况，加上单球训练、发球抢攻训练和比赛；然后进行下旋球和结合技术的训练，进行发球、发球抢攻、接发球抢攻和比赛。这样训练下来，基本上已是 3 年左右的时间。在这些环节的教学中，对“练到什么程度才可以进行下一项技术的训练”没有明确的概念，除前几个月重点练习正手攻球外，后面的训练都会融入反手技术和下旋球的训练，即使是初始的正手技术训练，也不是定点攻球达到什么水平再进行两点攻球、三点攻球，而是在并步攻球的过程中融入中台拉球、打高球的训练。如果孩子身高合适，还会加入挑球的训练，重点突出的都是正手技术和步法训练。

没有专业就没有一切。作为孩子学习乒乓球的第一棒，启蒙教练应该高标准、严要求，或者说最温柔的话却提最严格的要求。绝对不能以“反正这个孩子不打专业”为借口放弃对孩子的技术要求，甚至糊弄孩子、糊弄家长；也不能以“这个孩子每周只练一节课”为借口来推卸执教水平低的责任。笔者认为，孩子每周练七次与每周练一次的差距应该是技术动作在自动化和熟练度上的差距，即体现为能力上的差距，但两者的动作框架应该是相仿的，动作结构应该是合理的、自然的，好比蹒跚学步的小孩子虽走得踉踉跄跄，但呈现出来的视觉感受依然是自然的、顺畅的、充满希望的。这要求教练不仅要具备非常专业的能力，还要有兢兢业业、多年如一日的敬业精神，更要有不疯魔不成活的坚韧和执拗。因为启蒙教练不只是通过“言传”帮助孩子扎好技术框架、夯实基础、培养意识，为孩子以后的发展做好规划和奠定基础；还要以身作则，通过“身教”对孩子进行熏陶渲染式的引导和教育，让孩子更认真、更灵活、更坚韧；同样重要的是帮助家长寻找一位人品好、能力高、输送途径通畅的“第二棒”接力者。每一个很“哇塞”的孩子背后都有一位操碎心的启蒙教练。

乒乓球启蒙训练是一项繁杂的系统工程，涉及方方面面的工作。教与学都没有捷径，却藏着岔道和深坑。

后记一

从20多年前踏入乒乓球圈的那一刻起，我就迫切需要一本关于乒乓球启蒙训练的书，想知道乒乓球是什么，应该练什么、怎么练，以及重点是什么，注意事项是什么……结果翻遍书店，直到现在也没有找到我那本无比期待的关于乒乓球启蒙训练的书。

一位朋友前段时间还向我说，去书店买了20多本乒乓球方面的书，都是那种厚厚的、大同小异的乒乓球理论书。加之自身水平所限，理解存在困难，作为基层教练的他受益不多。

几年前我产生了写一写乒乓球启蒙训练的念头，但不敢班门弄斧，怕贻笑大方。2020年，当申蓬华老师和我说准备写一本关于自己与乒乓球方面的书时，我曾向申老师说，现在的基层教练需要一本关于乒乓球启蒙技术训练和教学方法的书，需要一本可以供大家直接学习和借鉴的书，建议申老师将启蒙训练和教学方法融入书中。最终，申老师出版的《与乒乓相遇》呈现了“训练心得二十则”。“训练心得二十则”是申蓬华老师和申萌华老师从教几十年的心得体会，可谓乒乓球训练的圭臬，但尚与我心中所想大不一样。“训练心得二十则”写得非常精练，但后面的训练心得层次太高，不太适合一般的基层教练。

另外，有一次我请教申老师正手攻球技术的肩部动作时，申老师说，“肩部放松”非常重要，关乎以后中远台的拉球，在阐述上要简洁明了地写成“肩部放松”，其他的无需赘述。我说，肩部放松太笼统了，一是别人不容易关注到这个细节，二是别人不容易理解和体会这个细节，三是没有标准明确说明“如何做”或“做到什么样”才是肩部放松。于是，对于这个环节的教学方法，我加了一个训练计划：加一盆多球训练，之前要求的是把拍头收到额头，而加的这一盆多球训练则要求把拍柄收到额头。当看到孩子的肩部比较放松后就取消这一训练计划。申老师主打的是严谨和精确，而我只是一名小学老师，在面对孩子和训练时经常唯恐有哪个地方说得不对、说得不到，从而会习惯性地再细致一些。由此虽也显得絮絮叨叨，但我想得更多的是训练方法的可借鉴性和可操作性。

从2007年开始，我先后认识了许绍发、齐宝香、张晓蓬、韩忠悌、王吉生、黄建疆、柳天扬、唐建军、张晶清、高礼泽、李晓东、刁文元、刘国栋、刘志强、牛剑锋、李屹、周兴江、王继健、郭跃华、朱世赫、尹霄、任满迎、王永刚、徐志崇、祖国伟、陈龙灿、徐寅生、吴敬平等乒乓名宿或功勋教练，以及一些奥运冠军和世界冠军的教练，许多省队、市体校、优秀俱乐部的教练，或一直有交际，或当面请教过，或亲历授课过，或实地交流过，不一而足。每个人都给予了我很多的帮助和鼓励。

我经常通过线上和线下培训、直播交流、实地交流等渠道与诸多教练探讨启蒙训练经验。长春孙哲老师来青岛与我有多日交流，回去之后同我说，经仔细琢磨和实践，感觉我的想法和教法非常合理，符合孩子的认知和能力，更容易上手，更容易衔接。烟台李兆虹老师说："六个幼儿园中班的学员撤下了垫子，打下降前期，效果很好，值得推广，这在以前我想也没想。也确实是手先发力，自重的力量就够了，并且带上一定的摩擦，就会有个弧线。谢谢！还解决了要设儿童球台的问题。期待您新书早日出版，感恩您对乒乓球教学的执着付出。同样都在教学，研究的有几人！"重庆蒋跃进教练说："西安一别好几年，甚是想念。特别珍惜当年是您把我带上教学道路，并把您的教学知识传授给我，用于实践。"北京邓杰教练说："王老师您言传身教的不忘初心、换位思考、尊重天性、因材施教、勤思善悟等，我一一记下，回北京好好消化消化"……一桩桩一件件，无不激励着我！督促着我！

终于，在 2022 年暑假第一稿的基础上，我于 2023 年 4 月完成第二稿。我想：先请申蓬华老师、李莉老师、荆滔老师、杨惠老师、赵一维老师等行家帮我修改一下，我再进行修改、调整和补充，最后请唐建军老师、柳天扬老师或其他专家审核。事实上，一开始我也这样做了。5月27日我冒雨驱车前往济南，请李莉老师指点一番。在此前后，也多次与申蓬华老师、荆滔老师和杨惠老师等见面细聊，受益良多。

然而，在这个过程中也发现一个问题：这些行家老师对乒乓球训练有独到且精准的理解，不但站位高，而且治学态度严谨。对把乒乓球启蒙教学方法总结成书，包括叙述、措辞、方法等要求都非常高。但每个人对乒乓球的理解不尽相同，在有些问题上，我如果按照他们的理解，将与我自己的理解不相符、与我之前的实践不相符，同时我也不太容易描述出来，况且这些老师对某一问题的理解也不尽相同。为此，我纠结了很久，不知道后续应该怎样着手推进。

有一天，突然想到在《明朝那些事儿》出版之前，史书的叙述往往是正襟危坐式的，而《明朝那些事儿》融入了一些小说、演绎的笔法，甚至还有作者的推测，看起来像一本历史小说，让喜欢读历史的人不因历史作品的晦涩难懂而被拒之门外，开创了这方面的先河。又联想到有一次去鲁能青岛基地参观学习，一位专家看到一名队员在比赛时表现太差，哂笑其水平太低。而我却觉得那名队员打得挺好。这是为什么呢？可能是因为我们两人的视角不同。人因为自身能力、所处位置、情绪态度等的不同，即使面对同一事物，所见、所思、所想、所说、所为也不可能完全相同。我突然有所感悟：

不应纠结太多，本书阐述的是我的观点、我的视角、我的实践，不足和谬误在所难免，因为这只是我的总结和反思，我只是希望能对他人有所助益。

乒乓球是我国的国球，是我国最具优势的竞技体育项目之一，在世界乒坛有着几十年长盛不衰的辉煌战绩。由于水平和时间有限，本书还有许多在教学和训练实践中的经验没有总结，也难免会有许多不尽如人意或偏颇之处，望读者和同行批评指正。

本书查阅和参考了部分书籍和视频资料，在此对这些资料的原作者致谢。

感谢所有帮助过我的朋友，感谢所有磨砺我的人和事。

2023 年 11 月 14 日

于青岛西海岸新区

后记二

自将书稿交给中国石油大学出版社之后，几次大小修改，最终再次成形。其中，书中配套视频于2024年3月28日开始拍摄，由王艺霖和徐杰参与完成。

在拍摄训练视频前夕再次校对，发现依然有很多疏漏或者谬误。想想也对，因为我在这几个月的时间里也是有进步的，但也由此想到了训练视频拍摄和呈现的问题。

视频呈现的初衷是通过训练视频的展示，与本书中的文字说明相配合，以更直观、更具体、更全面地阐释对乒乓球启蒙训练的理解。而且，视频以训练计划的方式呈现，对更多的基层教练也会有所借鉴。

用视频配合文字进行阐释有很大的优点，但也有明显的不足，那就是视频呈现的只是某个时间点的技术动作，不足以代表这个技术动作的原貌，也不能展示之前和之后的技术动作，更不足以说明视频中孩子的技术动作以及后续的发展。

乒乓球启蒙训练是一个长期的、动态的过程，是一个不断完善、不断提高的过程。某个时间点上的技术动作和水平高低不足以说明什么，只能算是管中窥豹。因此，笔者计划如下：

第一，2024 年下半年或 2025 年面向全国招收 6 名 4 周岁的孩子，进行为期两年的启蒙训练，并配备 1 ~ 2 名助理教练，每天训练 6 小时左右。启蒙训练的主要过程和关键进展将以视频形式记录，以全面、完整地呈现启蒙训练及技术动作的形成过程。

第二，几年后修订本书，为提高书中内容的适用性，笔者诚挚欢迎同行和前辈予以批评指正、赐教交流（笔者微信号：aAL20200608 或 Wyq050103），以共同为乒乓球启蒙训练做一些贡献。

此外，对在乒乓球启蒙阶段的孩子和家长，笔者也可为孩子提供一些技术诊断、指导建议，以及假期集训、赛事交流等信息（有意的家长可联系微信号：AL20200608AL）。

2024 年 4 月 26 日

于青岛西海岸新区